STUDIA
HUMANITATIS
문명텍스트

STUDIA HUMANITATIS
문명텍스트
41

Liber Sancti Jacobi

교황 칼릭스투스의 『산티아고 순례 안내서』

칼릭스투스 2세 지음 | 박용진 번역· 주해

서울대학교출판문화원

STUDIA HUMANITATIS
문명텍스트
41

교황 칼릭스투스의
『산티아고 순례 안내서』

초판 1쇄 발행 2018년 12월 20일
초판 2쇄 발행 2019년 12월 10일

지은이 칼릭스투스 2세
번역·주해자 박용진
펴낸이 오세정
펴낸곳 서울대학교출판문화원

출판등록 제15-3호

주소 08826 서울 관악구 관악로 1
대표전화 02-880-5252 | 팩스 02-889-0785
도서주문 02-889-4424, 02-880-7995
이메일 snubook@snu.ac.kr
홈페이지 www.snupress.com

ISBN 978-89-521-1838-7 94920
978-89-521-1574-4 세트

이 저서는 2007년 정부(교육과학기술부)의 재원으로
한국연구재단의 지원을 받아 수행된 연구임(NRF-2007-361-AL0016).

❁ 옮긴이의 말

인간은 죄를 짓지 않고 살 수는 없다. 무단횡단이나 신호위반처럼 현실의 법을 위반할 수도 있고, 계산원의 실수로 더 받은 거스름돈을 몰랐다는 듯이 주머니에 집어넣은 적도 있을 것이다. 경미하더라도 이러한 잘못들이 차곡차곡 쌓이면 나의 어깨를, 아니 마음을 짓누르게 된다. 이처럼 무거운 짐을 마음에 지고 살아갈 수는 없다. 살아가기 위해서는 이러한 짐을 덜어내야 하는데, 인간에게는 망각이라는 좋은 도구가 있어서 시간이 흐르면 죄의식은 점차 사라진다. 사실 사라진다기보다는 어둠 속에, 혹은 보이지 않는 곳에 밀쳐놓는다는 것이 더 정확한 표현일 것이다. 그렇기 때문에 망각 속에 있다가 불쑥 튀어나오기도 하며, 어떤 것들은 사라지는 데에 오랜 시간이 걸리거나, 심지어 아무리 시간이 지나도 잊히지 않는 것들도 있다. 이러한 죄와 잘못은 사면이나 용서를 받아야 한다. 그렇지만 인간이 어떻게 인간의 죄를 사면해 줄 수 있겠는가. 그래서 나의 죄를 씻어 줄 강력한 존재, 즉 신이 필요한 것이다.

신에게 비는 것 이외에 다른 방법은 없을까? 이러한 죄를 배낭에 담아 짊어지고 멀리 가서 버리고 오는 것은 어떨까. 사실 죄의식을 불러일으키는 환경이나 관계로부터 멀리 떠나는 것만으로도 죄를 잊을 수 있을 것 같기는 하다. 물론 나를 괴롭히는 죄와 관계들이 배낭에 담겨 모두 태워지거나 깨끗이 버려질 수는 없다 하더라도 적어도 가벼워지기는 하지 않겠는가. 그러므로 떠나자.

어디로 떠날 것인가? 먼 옛날 한 교황은 에스파냐 북부의 산티아고 데 콤포스텔라로 떠날 것을 권했다. 바로 그 교황 칼릭스투스 2세(Calixtus II)의 뜻에 따라 만들어진 책이 『산티아고 순례 안내서』이다. 12세기에 칼릭스투스 2세는 산티아고로의 순례를 활성화하여 에스파냐 북부 지방에 기독교를 확산시키려는 의도를 가지고 있었다. 그리하여 성 야고보와 관련된 축일의 전례서, 성 야고보와 관련된 여러 가지 이야기와 더불어 『산티아고 순례 안내서』를 편찬했다.

오늘날 산티아고 순례에 관한 책들은 넘쳐 난다. 가벼운 개인 여행기도 있고, 지도와 사진은 물론이고 숙소나 거리에 관한 세세한 정보를 담고 있는 '문자 그대로의 안내서'도 있다. 오늘날의 책들과 비교하면 이 책은 초라하기 그지없다. 산티아고에 이르는 여러 갈래의 순례길, 경유하는 지방에 대한 소개, 순례길의 성인과 유물들, 산티아고 성당, 순례 이후의 활동 등을 담고 있는 이 책은 내용도 간단한 데다가 중점적으로 소개되는 지역이 남부 프랑스라는 점에서도 오늘날의 순례 안내서와는 다르다. 그것은 책의 집필 목적이 다르기 때문인데, 오늘날 안내서들이 순례에 대한 실질적인 정보 제공에 초점이 맞추어져 있다면, 이 책의 초점은 순례길에서 만나는 성지와 성인들 그리고 순례자의 속죄에 있다고 할 수 있다. 한마디로 산티아고 순례가 갖고 있는 본래의 특징을 말해 준다.

오늘날 여행기는 순례길의 다양한 이국적 풍경을 보여 주면서 다른 데서 해보지 못한 경험, 특히 광활한 벌판을 묵묵히 걷는 극한의 고통을 체험했노라고 말한다. 혹은 순례길에서 맺은 새로운 관계에 대해 말한다. 사실 순례를 떠난 이유 중 하나가 관계에서 비롯되었음에도 불구하고 말이다. 그리하여 독자로 하여금 그 길을 걸어 보라고 유혹한다.

이와 달리 이 책은 무작정 걷기를 요구하지 않는다. 이 책이 요구하는 것은 속죄와 반성, 그에 따른 자신에 대한 성찰이다. 그렇기 때문에 이 책은 성인의 기적에 관한 이야기나 성유물이 안치되어 있는 장소에 대해 많은 분량을 할애하고 있다. 순교자의 유해를 보며(어쩌면 중세에는 순교자의 관을 만지며) 성인들의 기적을 떠올리면서 그들의 순결한 삶을 되새겨 보라는 의미일 것이다.

속죄와 반성과 성찰이 어찌 산티아고 순례길에만, 그것도 에스파냐 북부에만 있겠는가? 이 책에서 제시하는 순례지 가운데 한 곳인 프랑스 남부의 콩크에 갔을 때 내가 본 광경은 이 질문에 대한 실마리를 제공해 준다. 해가 지는 성당에 순례자들이 한 명씩 도착하면서 그 앞에 배낭을 내려놓자, 성당에서 수녀 몇 분이 물과 간식거리를 한 아름 들고 나와 이들을 맞아 주었다. 순례자들은 환하게 웃고 있었고 기쁨에 넘쳐 있었다. 그들이 며칠을 걸어왔는지 알 길이 없었고 산티아고까지 갈 것인지도 알 수 없었다. 사실 알 필요도 없다. 매일매일이 기쁨에 넘쳐 있었을 것이기 때문이다. 오히려 오늘날 모든 사람들이 출발지로 삼고 있는 생장피에드포르의 많은 순례자들은 일종의 통과의례를 치르는 것처럼 보였고, 그래서 순례자라기보다는 여행자라는 인상을 받았다. 그들이 800킬로미터를 걸어서 산티아고에 도달했는지는 알 수 없다. 그러나 그들이 산티아고에 도달했든 도달하지 못했든, 또는 어느 곳을 걷고 있든, 심지어 걷지 않고 이 책을 읽는 것만으로도 자신을 돌아보고 속죄를 통해 마음의 평화를 얻는다면 그것으로 충분하지 않은가. 한마디로 순례길은 속죄의 길이며 성찰의 길이고, 그 목적지 또한 산티아고 성당이 아니라 마음의 평화이다.

이제 산티아고 성당에 도착했다. 배낭에 짊어지고 온 죄를 내려놓고 마음의 평화를 얻었는가? 이 책이 오늘날의 안내서와 다른 점은 마지막 부분에서도 발견할 수 있다. 맨 마지막 장은 순례를 마친 이후에도 반성과 성찰의 삶을 살 것을 권고한다. 미식가의 평론이 식사를 마친 뒤 그 식탁에서 글을 쓰면서 시작되듯이, 자신을 되돌아보는 일 역시 걷기가 끝난 다음에야 시작되는 것이다. 자신의 삶을 돌아본다는 점에서 순례는 자서전과도 같다. 그러므로 속죄의 걷기가 끝난 다음에는 성찰의 글쓰기를 시작해야 한다. 어쩌면 순례의 진정한 고통은 걷기가 끝나고 글을 쓰는 시점부터 시작되는 것일지도 모른다. 자신의 내면을 거짓 없이 바라보고 솔직하게 고백하는 것만큼 고통스러운 일이 있겠는가! 그 고통은 수백 킬로미터의 걷기에 비할 바가 아닐 것이다. 이런 점에서 본다면 삶은 끝없는 걷기이자 글쓰기이며 인간은 영원한 순례자인 셈이다. 그리고 그 순례의 기록은 곧 자서전 혹은 고백록이 될 것이다.

이 책은 12세기 초에 편찬된 『칼릭스투스 서책』의 제5권인 『산티아고 순례 안내서』를 번역한 것이다. 피델 피타(Fidel Fita)의 라틴어 편집본과 잔 비에야르(Jeanne Vielliard)의 라틴어-프랑스어 대역본을 저본으로 했으며 윌리엄 멜저(William Melczer)의 영역본을 참조했다. 라틴어 문장은 어렵지 않았으나 중세 지방어를 라틴어로 표기해 놓은 단어들이 등장하여 어려움을 겪었다. 애초에 계획했던 것만큼 충분히 주석을 붙이지 못한 것은 아쉬운 점이다. 모호한 번역이나 오역도 있을 것이다. 이 모두 속죄의 배낭에 넣어 평생토록 지고 가야 할 짐들이다. 배낭에 넣어야 할 짐들 중에서 가장 무거운 것은 가족에 대한 반성일 것이다. 마지막으로 이 책의 출판을 맡아 준 서울대학교 출판문화원에 감사드린다.

2018년 11월

박용진

❁ 차례

순례와 중세 사회

■해제

성 야고보와 산티아고 순례

> 우상 숭배자들은 매우 먼 곳으로부터 그곳으로 순례하러 오는데, 마치 기독교도들이 **성 자크(산티아고)의 묘지를 순례**하는 것과 같다. 이 우상 숭배자들은 그 산 위에 있는 무덤이 내가 여러분에게 말한 그 왕자의 무덤이며 그곳에 있는 이빨과 머리카락과 주발 역시 그 왕자의 것이라고 말한다. 그의 이름은 사가모니 부르칸으로, 이는 성 사가모니라는 뜻이다.[1]

산티아고 데 콤포스텔라[2]는 에스파냐 북부 갈리시아 지방의 도시로서, 예루살렘 및 로마와 더불어 중세 시대의 3대 순례지였다. 예루살

1 마르코 폴로, 『동방견문록』, 김호동 옮김, 사계절, 2006, pp. 473-474.

2 산티아고(Santiago)는 성 야고보의 에스파냐어 명칭이다. 프랑스어로는 생 자크(Saint Jacques)이며, 영어로는 세인트 제임스(Saint James)이다. 이 글에서는 성인을 가리킬 때는 '성 야고보', 에스파냐 갈리시아 지방의 성지를 가리킬 때는 '산티아고', 프랑스와 관련된 지명일 때에는 '생자크'라고 하였다. 순례의 상징인 가리비 조개 역시 프랑스어로는 생자크(saint-jacques)라고 한다.

렘이 이교도의 수중에 있어서 접근하기 어렵고, 로마는 물가가 비싸고 권위가 있는 곳이어서 친근하지 않았던 반면, 산티아고는 육로로 접근이 가능하고 여행 경비도 많이 들지 않을 뿐만 아니라 성인을 모시고 있어 중세 유럽인들에게는 친근하게 느껴지는 순례지였다. 그리하여 앞의 인용문에서 볼 수 있듯이, 마르코 폴로 역시 대표적인 순례지로서 산티아고를 꼽을 정도로 산티아고는 중세 내내 가장 유명한 순례지였다.

유럽 전역에서 산티아고로 순례를 떠난 것은 10세기 중반부터였던 것으로 추정되며, 1100년경에는 잉글랜드에서 순례자들이 오기 시작했다는 기록도 있다. 그리하여 12세기 중반에는 산티아고 순례가 조직적으로 이루어졌던 것으로 보인다. 특히 칼릭스투스 2세는 성 야고보 성년(聖年)을 시작했으며 순례 안내서를 제작하도록 했다. 1215년 제4차 라테라노 공의회 이후 고해가 의무화되고 중죄에 대한 벌로 순례가 부과되면서 산티아고 순례는 전성기를 맞았다. 종교개혁 이후 그 열기가 시들기는 했지만 산티아고로의 순례는 계속되었다. 오늘날에도 산티아고 순례길은 순례자들로 가득 차 있다. 1993년에는 에스파냐의 순례길이, 그리고 1998년에는 프랑스의 순례길이 유네스코 세계문화유산으로 지정되었다. 또한 유럽연합(EU)은 산티아고 순례길을 유럽 통합의 상징으로 내세우고 있다.

산티아고 순례는 오랜 기간에 걸쳐서 이루어진 만큼 순례기를 남긴 경우도 있으며 여러 문헌에서 언급되기도 한다.[3] 이러한 문헌

3 중세 시대의 대표적인 산티아고 순례 여행기로는 영국인 윌리엄 웨이(William Wey)의 여행기와 프랑스인 장 드 투르네(Jean de Tournai)의 여행기가 있다.

들이 비교적 후대의 자료인 데 비해, 교황이 편찬한 『칼릭스투스 서책(Codex Calixtinus)』은 12세기 초반의 문헌으로서, 성 야고보 숭배와 산티아고 순례가 확립되고 확산되는 데 중요한 계기를 마련한 것으로 평가받고 있다.

성 야고보의 순교

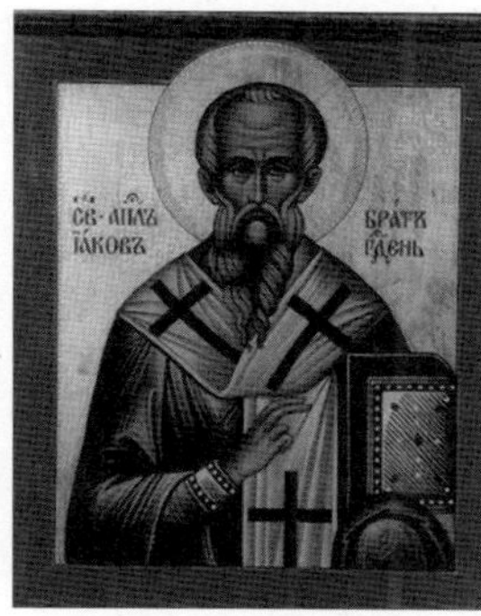
성 야고보

야고보는 예수의 열두 제자 중 한 사람으로서 제베대오와 살로메 사이에서 태어났으며, 사도 요한의 형이다. 이들은 갈릴래아 출신으로 예수의 부르심을 받았을 때 아버지와 함께 호수에 배를 띄워 고기잡이로 살아가던 사람들이었다.[4] 이들 형제는 예수가 "나를 따르라"고 말하자 아버지를 떠나 예수의 제자가 되었

---

4 마태오 복음서 4장 21-22절: "거기에서 더 가시다가 예수님께서 다른 두 형제, 곧 제베대오의 아들 야고보와 그의 동생 요한이 배에서 아버지 제베대오와 함께 그물을 손질하는 것을 보시고 그들을 부르셨다./그들은 곧바로 배와 아버지를 버려두고 그분을 따랐다." 마르코 복음서 1장 19-20절, 루카 복음서 5장 10-11절 참조.

사실 성경에는 세 명의 야고보가 나온다. 제베대오와 살로메의 아들 야고보, 알페오의 아들 야고보로서 역시 사도이다. 전자를 '대(大)야고보', 후자를 '소(小)야고보'라고 한다. 소야고보는 팔레스티나와 이집트에 정착해서 복음을 전하다가 이집트의 오스트라키네 혹은 시리아에서 순교했다고 한다. 그는 복음을 열심히 전했는데, 그의 설교가 군중을 노하게 만들었고 그로 인해 신전 지붕에서 내던져졌다고 한다. 그리고 군중들로부터 곤봉과 방망이로 맞아 순교했다고 전해진다. 그래서 교회 미술에서 그는 곤봉이나 방망이를 든 모습으로 자주 그려진다. 성경에 등장하는 나머지 한 명의 야고보는 예수의 형제로 추정되는 야고보이다.

다. 예수는 제자들에게 복음을 전하라고 명했는데, 이때 야고보는 이베리아반도에 복음을 전하라는 명을 받았다고 한다. 그러나 그의 복음 전파는 당장에는 많은 결실을 얻지 못하여 많아야 아홉 명을 개종시켰을 뿐이었다. 이러한 상황에서 성모 마리아의 환영이 야고보에게 나타나 이스라엘로 돌아가서 복음을 전파하라고 하자 야고보는 이스라엘로 돌아왔다. 돌아온 야고보는 복음을 열심히 전했고, 그를 믿는 사람들이 많아지자 헤로데 왕은 야고보를 잡아들여 처형했다. 이것이 44년의 일이다.

야고보의 제자들은 성 밖에서 기다리고 있다가 한밤중에 그의 시신을 몰래 수습하여 배로 옮겼다(그 배가 돌로 되어 있었다는 이야기도 있다). 배는 천사의 인도로 지중해를 가로질러 지브롤터 해협을 지나 이베리아반도 대서양 연안에 있는 갈리시아 지방에 닿았고 야고보의 시신은 그곳에 묻혔다고 한다. 이러한 유해 이송 과정에 대해서는 『칼릭스투스 서책』 제3권에 두 가지 이야기로 나와 있다. 먼저 첫 번째 이야기는 다음과 같다.

야고보가 순교한 날 밤, 제자 일곱 명이 그의 시신을 수습하여 배에 실었다. 방향타도 없이 바다에 나선 배는 신의 섭리에 따라 운항하여 이베리아반도의 북서부 지방에 닿았다. 그의 제자들은 바다에서 강을 따라 수 킬로미터 내륙에 위치한 이리아 플라비아(Iria Flavia), 즉 오늘날의 파드론(Padron)에 이르러 배에서 내렸다. 제자들은 신전을 소유하고 있던 그 지방의 부유한 이교도 여인 루파리아(Luparia)에게 사도의 시신을 모실 묘소를 제공해 줄 것을 요청했으나, 그들에게 경계심을 가진 이 여인은 그들을 그 지방의 왕에게 보냈다. 처음에는 이들의 이야기를 경청하는 듯하던 왕은 갑자기 무엇엔가 사로잡힌 듯 분노하여 이들을 사로잡아 죽이려 하였다. 이를 눈치챈 제자들이 도망치자 왕의 군사들이 뒤쫓았는데, 제자들이 다리를 건너자 바로 그때 기적이 일어나 다리가 무너졌고 그들을 따라 건너려던 군사들은 몰살당하고 말았다. 이 장면은 본문에서 이집트를 탈출하여 홍해를 건너는 이스라엘 백성들을 뒤쫓던 이집트 병사들이 바다에 수장된 것과 비교되어 있다. 제자들이 돌아와서 루파리아에게 도움을 청하자, 이번에는 산에 있는 길들여지지 않은 소 떼를 길들여서 데리고 오면 묘소를 제공해 주겠노라고 했다. 산에 이르자 갑자기 사나운 용이 나타나 제자들을 집어삼키려고 했다. 사도 야고보의 제자들은 십자가의 보호에 의지하여 두려움 없이 싸워서 용을 물리친 후, 황소들로 하여금 수레를 끌게 하여, 사도의 시신을 싣고 루파리아 앞에 나타났다. 이 기적에 놀란 루파리아는 개종하고 그녀가 모시던 신전의 우상들을 버리고, 그곳에 묘실을 만들어 야고보의 시신을 안치하였다. 그리고 그 위에는 제단이 있는 큰 예배당을 만들어 예배를 드리기 시작했다. 일곱 명의 제자들 중 두 명은 그들의 생명이 다할 때까지 그 묘소를 지켰으며, 다른 다섯 명은 이베리아반도 전역을 두루 다니며 복음을 전했다.

이와 달리 『칼릭스투스 서책』 제3권에 위의 이야기에 뒤이어 나오는 「교황 레오 3세의 가짜 편지」라는 글은 좀 더 간략하게 되어 있어서 루파리아와 같은 인물이 빠져 있다. 여기에서도 사도 야고보가 순교한 후 그의 제자들이 시신을 훔쳐내어 야파(Jaffa)라는 항구로 가서 그곳에서 배를 타고 신의 기적으로 이리아(Iria)에 도착하였다. 그곳에서 다시 내륙으로 8마일 떨어진 곳에 있는 리브레돈(Libre Don)이라는 작은 마을로 갔다. 그곳에서 거대한 우상을 발견하고는 이 우상을 부수고 이교도의 우상 옆에 있는 묘소에 궁륭형 천장이 있는 묘실을 만들어 돌로 된 관에 사도의 시신을 모셨다. 그리고 그 위에 제단을 갖춘 예배당을 만들었다. 그 후 제자들은 리브레돈 주민들을 기독교로 개종시키고, 나아가 이베리아반도 전역에 복음을 전하기 위해 떠났다. 그리고 아타나시우스(Athanasius)와 테오도르(Theodore)만 남아 사도의 묘소를 지켰고 죽은 뒤 사도의 곁에 묻혔다는 것이다.

물론 이보다 더 전설 같은 이야기도 있다. 『산티아고 순례 안내서』의 다른 판본인 알코바사(Alcobaça) 필사본에 따르면, 야고보의 시신을 실은 배가 갈리시아를 지날 때 귀족이 결혼식을 올리고 있었는데, 때마침 높은 파도가 밀려와 기사가 물에 빠지자 가리비 조개가 그 기사를 구해 주었다. 그리고 배는 강을 거슬러 올라갔고, 이리아 부근에서 뭍에 오른 제자들이 야고보의 시신을 바위 위에 올려놓자, 마치 뜨거운 청동을 양초 위에 내려놓은 듯이 바위가 녹아들며 시신을 받아들였다는 것이다.

성 야고보의 순교에 대한 이와 같은 전설을 전적으로 믿기는 어렵다. 왜냐하면 이러한 이야기를 담고 있는 문헌들은 대개 후대, 특히 12세기의 것들이기 때문이다. 미루어 짐작컨대 이러한 이야기들은 산티아고 순례를 활성화하기 위해, 혹은 어느 정도 활성화된 이후에 깊은 연원을 강조하기 위해 나중에 만들어졌을 가능성이 높다.

산티아고 순례의 기원

성 야고보의 무덤은 잊혀진 채로 있다가 9세기에 발견되었다. 발견에 관한 이야기를 담은 최초의 글은 1077년경에 산티아고 주교 디에고 펠라에스(Diego Peláez)와 안테알타레스(Antealtares) 수도원 사이의 권리에 관한 조정 계약서였다. 성 야고보의 무덤을 발견하게 된 과정에 대한 이야기는 다음과 같다.

은둔 수도사 펠라기우스(Pelagius)는 이리아 플라비아에서 멀지 않은 산 펠릭스 데 로비오(San Félix de Lobio) 교구에 살고 있었다. 810년에서 813년 사이에 펠라기우스는 천사들을 여러 차례 보았고, 마침내 야고보의 무덤이 있는 장소를 비추는 빛을 보게 되었다. 이러한 사실을 이리아 플라비아 주교였던 테오데미르(Theodemir)에게 말하여 무덤을 찾아 함께 길을 나섰다. 도중에 이들은 들판에서 신비하게 빛나는 별 무리의 인도를 받았다. 바로 그러한 연유에서 그 들판에는 '별(stela)이 빛나는 들판(campus)'이라는 뜻의 '콤포스텔라'라는 이름이 붙여졌다. 마침내 그 들판에서 무덤 3개를 발견하게 된 그들은 그것이 야고보와 동반자 두 명의 무덤임을 확신하고 야고보에게 봉헌하는 교회를 그곳에 세웠다.

이 묘지에 경배하러 온 최초의 순례자는 아스투리아스(Asturias)[5] 왕 알폰소 2세(Alfonso II)였다. 테오데미르 주교가 성 야고보의 무덤을 발견했다는 소식을 들은 알폰소는 즉시 신하들을 이끌고 그곳을 찾았다. 그리고 대리석으로 된 관 위에 돌과 점토로 예배당을 짓도록

5 이베리아 북부 지방으로, 과거에는 독립 왕국이었다.

했다. 그리고 펠라기우스가 은둔하며 수도하던 곳에는 안테알타레스 수도원을 짓게 했다.

최초의 외국인 순례자는 프랑스 중부 지방에 있는 르퓌앙블레(Le Puy en Velay) 주교 고테스칼크(Gotescalc)였는데, 그는 950년 말을 타고 산티아고를 순례했다. 그 이후 산티아고로의 순례가 활발해진 결정적인 계기는 나바라(Navarra) 왕 페르난도(Fernando I de León)의 정복 덕분이었다. 1064년 페르난도는 코임브라(Coímbra)까지 정복하여 이베리아반도 북부 일대에 거대한 왕국을 건설했다. 왕은 이러한 승리가 성 야고보 덕분이라고 생각하여 산티아고 순례에 나서기도 했다.

성 야고보의 전설이 확산된 것은 에스파냐에서 이루어진 재정복운동(reconquista) 때문이었다. 일찍이 샤를마뉴(Charlemagne, Karl Magnus)가 피레네산맥을 넘어 에스파냐의 이슬람 세력을 쫓아내려고 했을 때, 샤를마뉴를 인도한 것이 바로 성 야고보였다. 그럼에도 불구하고 샤를마뉴는 롱스보(Roncevaux, Roncesvalles) 전투에서 패하여 쫓기는 신세가 되었다. 이때 샤를마뉴가 퇴각할 수 있는 시간을 벌어 준 부하가 바로 롤랑이었다. 「롤랑의 노래」라는 무훈시로 알려져 있는 이 내용은 『칼릭스투스 서책』 제4권에 실려 있다.

이러한 이야기는 이베리아반도의 재정복운동을 추진하고 있던 교회가 산티아고 기사단에 더 많은 기사들이 지원하게 하기 위해 꾸며낸 전설로 생각된다. 이로써 성 야고보는 재정복운동의 '무어인의 학살자'라는 별명을 얻게 되었는데, 에스파냐 북부에 있는 도시에서는 성 야고보가 학살자로 표현된 것을 쉽게 찾아볼 수 있다.

에스파냐 북부뿐만 아니라 유럽 전역에서 산티아고로 순례를 떠나게 된 것은 10세기 중반부터였던 것으로 추정되며, 1100년경에는

무어인의 학살자로 표현된 성 야고보

잉글랜드에서도 순례자들이 오기 시작하는 등 12세기 중반에 이르면 산티아고로의 순례가 조직적으로 이루어졌던 것으로 보인다.

『산티아고 순례 안내서』

11세기 이후 산티아고로의 순례는 활기를 더해 갔고, 마침내 교황 칼릭스투스는 성 야고보 성년을 선포하고 성 야고보와 관련된 문헌들을 편찬하도록 했다. 그것이 『칼릭스투스 서책』 또는 『성 야고보기(記)』이다. 이 서책은 총 다섯 권으로 되어 있는데, 제5권이 바로 『산티아고 순례 안내서』이다.

『칼릭스투스 서책』의 각 권은 별개의 이야기였는데, 1135년부터 1139년 사이에 에므리 피코(Aymeric Picaud 또는 Aimery Picaud)에 의해 하나의 책으로 묶인 것으로 추정된다. 더욱이 책의 편집 시기가 1130년대인데 칼릭스투스 2세는 이미 1124년에 사망한 점으로 미루어, 책을 편집한 사람들이 책의 권위를 높이고자 칼릭스투스의 서명으로 알려진 글자를 추가한 것으로 추정된다.[6] 베르나르 지켈(Bernard Gicquel)의 연구에 따르면 에므리 피코의 이름이 적혀 있기는 하지만, 그는 여러 자료를 한 권으로 묶은 사람에 불과하고, 실제로 제5권 『산티아고 순례 안내서』를 작성한 사람은 베즐레(Vézelay)의 수도사 위그 르 푸아트뱅(Hugues le Poitevin)이라고 한다. 『칼릭스투스 서책』 다섯 권의 내용은 다음과 같다.

---

6 William Melczer, *The Pilgrim's Guide to Santiago de Compostela*, New York: Italica Press, 1993, p. 137, n 15, pp. 140-141, n 31.

제1권 예배의식(Anthologia liturgica): 성 야고보와 관련된 축일은 순교일인 7월 25일과 그의 유해가 콤포스텔라로 옮겨진 12월 30일인데, 이 축일에 거행되는 예배의식이 자세히 설명되어 있다. 이 예배의식에는 찬송 악보가 실려 있어서 음악사에서도 매우 중요한 자료로 평가받고 있다.

제2권 기적(De Miraculis sancti Jacobi): 성 야고보와 관련된 스물두 가지 기적 이야기를 담고 있다.

제3권 성 야고보의 유해 이송(Liber de translatione corporis sancti Jacobi ad Compostellam): 예루살렘에서 갈리시아로 유해가 옮겨지는 과정이 묘사되어 있다.

제4권 샤를마뉴와 기사 롤랑의 이야기(Historia Caroli Magni et Rotholandi 또는 Historia turpini)

제5권 산티아고 순례 안내서(Iter pro peregrinis ad Compostellam)

이 다섯 권은 각각 별개의 이야기였으므로 별개의 기원을 가지고 있다. 대체로 성 야고보의 순교와 유해 이송, 그리고 그 무덤의 발견에 관한 이야기는 9-11세기에 만들어진 것으로 보인다. 앞서 언급한 성 야고보의 유해 이송에 관한 이야기 역시 이 책 제3권에 근거한 것이다. 12세기 초에는 제4권 『샤를마뉴와 기사 롤랑의 이야기』의 초기 형태가 완성되었다. 1132-1135년에 에므리 피코가 성 야고보의 기적에 관한 이야기들을 수집한 것으로 보이며, 1135-1139년에는 제5권 『산티아고 순례 안내서』도 작성된 것으로 추정된다.

엄밀히 말하자면 『성 야고보 기』는 원래 1, 2, 3, 5권으로 구성되어 있었던 것으로 추정된다. 그 이후 『샤를마뉴와 기사 롤랑의 이야기』가 추가된 것이 『칼릭스투스 서책』이다. 산티아고 성당에 보존되어 있는 가장 오래된 판본을 보면, 현재 제5권으로 알려져 있는 『산티아고 순례 안내서』가 제4권으로 표시되어 있고, 권수 표시 없이 『샤를마뉴와 기사 롤랑의 이야기』가 제3권과 제5권 사이에 삽입되어 있다. 따라서 원래 『성 야고보 기』에는 『샤를마뉴와 기사 롤랑의 이야기』가 포함되어 있지 않았으며 나중에 추가된 것으로 보인다.

이렇듯 『산티아고 순례 안내서』는 당시까지 알려진 산티아고 순례에 관한 거의 모든 기록이라고 할 수 있으며, 그만큼 산티아고 순례가 활발히 이루어졌음을 말해 주는 사료이다.

산티아고 성당에 보관되어 있던 『산티아고 순례 안내서』의 가장 오래된 판본은 1886년 예수회 수도사 피델 피타(Fidel Fita)에 의해 발견됨으로써 세상에 알려지게 되었다.[7] 이 서책의 외형을 살펴보면, 295×214cm의 크기인데 낱장, 즉 폴리오(folio) 225장이 묶여 있는 형태로 되어 있으며, 앞뒷면 모두 글자를 적는 데 사용하였고, 글자는 한 면당 34행씩 단일 단(single column)으로 기록되어 있다.[8] 크기로 미루어 짐작할 수 있듯이, 이 책은 '안내서'임에도 불구하고 오늘날의

---

7 산티아고 성당에 있는 원본을 필사한 사본에는 약 12종류가 있는 것으로 알려져 있다. 그중 가장 널리 확산되어 있던 판본은 '리폴(Ripoll)' 사본으로, '리폴'이라는 이름은 산타마리아 데 리폴이라는 카탈루냐의 수도원에서 따온 것이다. 이 사본은 1173년 수도사 아르날도 데 몬테(Arnaldo de Monte)가 어떤 연유로 콤포스텔라 성당에 갔을 것이고, 그때 필사했을 것으로 추정된다. 원본을 제외하면 이 사본이 가장 오래된 것으로서 바르셀로나에 보관되어 있다. 12종류의 사본과 그 내용에 대해서는 Alison Stones et al., *The Pilgrim's Guide to Santiago de Compostela: A Critical Edition*, London: Harvey Miller Publishers, 1998 참조.

8 225장의 폴리오 중에서 제5권 『산티아고 순례 안내서』는 fol.192-213v.에 실려 있다.

론리플래닛(Lonely Planet)이나 미슐랭가이드(Michelin Guide vert)[9]와 같은 여행안내서처럼 들고 다니면서 볼 수 있는 책은 아니었다. 설사 오늘날의 여행서 크기였다고 하더라도 중세의 순례자 대부분이 문맹이었음을 감안하면, 순례자들이 이 책을 직접 읽을 수는 없었을 것이다. 따라서 이 책은 순례나 여행의 정보 전달만을 목적으로 했다기보다는 다른 목적도 함께 가지고 있었을 가능성이 높다. 그 목적이 무엇인지는 이후에 살펴볼 것이다.

여러 사본들

(현재 보관 도시, 보관 장소, 작성 시기, 작성지)

1. Santiago de Compostela(에스파냐), Archivo de la Catedral, 1139-1173년, Santiago de Compostela
2. Barcelona(에스파냐), Arxiu de la Corona de Aragó, 1173년, Santiago de Compostela(리폴 사본)
3. Lisbon(포르투갈), Biblioteca Nacional, 12세기 말-13세기 초, Alcobaça(알코바사 사본)
4. London(영국), British Library, 1325년경, Santiago de Compostela
5. Vatican(바티칸), Biblioteca Apostolica Vaticana, 1325년경, Santiago de Compostela
6. Salamanca(에스파냐), B.U., 1325년경, Santiago de Compostela
7. Vatican(바티칸), B. Apost. Vat., 14세기 중반, Saragossa

---

9 미슐랭가이드 중 빨간색 표지는 음식점과 관련된 책이며, 초록색 표지는 여행과 관련된 책이다.

8. London(영국), B.L., 15세기, Kirkstall(영국)

9. Pistoia(이탈리아), Archivo di Stato, 16세기, Pistoia

10. Madrid(에스파냐), B.N., 1538년, Santiago de Compostela

11. Madrid(에스파냐), B.N., 1657년, Estepa(세비야 근처)

12. Madrid(에스파냐), B.N., 1750년, Toledo(에스파냐)

편집본과 번역본

위의 사본을 라틴어 그대로 편집하여 출판한 것에는 여러 종류가 있지만 피델 피타(Fidel Fita), 월터 화이트힐(Walter Whitehill), 클라우스 헤르베르스(Klaus Herbers), 앨리슨 스톤즈(Alison Stones) 등의 편집본이 유명하다.[10] 라틴어에서 프랑스어로 번역 출간된 것은 1938년 잔 비에야르(Jeanne Vielliard)에 의해서였다. 라틴어-프랑스어 대역본인 이 번역본은 원본 편집 과정에 대한 신뢰도가 매우 높아서 이후에도 개정판이 계속 출판되었다. 필자는 피타의 라틴어본과 이 대역본[11]을 모두 참조하였다. 『칼릭스투스 서책』 전 5권의 프랑스어 번역은 2003년에 이르러서 베르나르 지켈(Bernard Gicquel)에 의해 이루어졌다.[12]

---

10 Walter Whitehill, *Liber Sancti Jacobi, Codex Calixtinus*, Santiago de Compostela: Seminario de Estudios Gallegos, 1944; Klaus Herbers, *Liber Sancti Jacobi, Codex Calixtinus*, Santiago de Compostela: Xunta de Galcia, 1998; Alison Stones et al., *The Pilgrim's Guide to Santiago de Compostela: A Critical Edition*, London: Harvey Miller Publishers, 1998.

11 필자는 2004년판을 참조했다. Jeanne Vielliard, *Le Guide du Pèlerin de Saint-Jacques de Compostelle*, Paris: Librairie Philosophique J. Vrin, 2004.

12 Bernard Gicquel, *La Légende de Compostelle: le Livre de saint Jacques*, Paris: Tallandier, 2003. 『칼릭스투스 서책』 중 제5권을 제외한 나머지는 지켈의 번역본을 참조했다.

영어로는 윌리엄 멜저(William Melczer)의 번역본이 1993년 출간되었으며, 앞서 언급한 스톤즈 등의 라틴어 편집본에는 영어 번역이 함께 실려 있다.[13]

『산티아고 순례 안내서』에 그려진 순례

순례의 동기

『산티아고 순례 안내서』는 순례를 떠나는 동기에 관해서는 언급하고 있지 않다. 그도 그럴 것이 순례 안내서는 이미 순례를 가기로 마음먹었음을 전제로 하고 있기 때문일 것이다. 직접 언급되어 있지는 않지만 『칼릭스투스 서책』 제2권을 통해서 순례의 동기를 짐작할 수는 있다. 『칼릭스투스 서책』 제2권에는 성 야고보에 얽힌 기적 이야기 22편이 실려 있는데,[14] 이 22편의 이야기 속에서 성 야고보는 기독교의 보호자이자 이교도에 대한 징벌자이거나, 순례자들을 각종 위험에서 구원해 주는 역할을 하는 사도로 그려져 있다.

가장 많은 소재는 곤경에 처한 사람들의 기도를 들어주는 것인데, 심지어 죽은 사람을 살려내는 경우까지 있다. 사람들이 이러한 곤

---

13 William Melczer, *The Pilgrim's Guide to Santiago de Compostela*, New York: Italica, 1993. 이 외에 위키피디아 사전에는 다음과 같은 웹 사이트에 영어 번역이 실려 있다고 되어 있는데, 이 사이트에는 번역문만 있고 각주나 설명은 전혀 없다. 해당 웹 사이트는 https://sites.google.com/site/caminodesantiagoproject/ 참조.

14 첫 부분에 실려 있는 교황 칼릭스투스의 헌사에 따르면 이 이야기들은 유럽 각지에 흩어져 있던 것을 모은 것으로, 증언자들이 많다고 되어 있다.

경에 처하게 된 원인으로는 순례가 가장 많고, 그 다음으로는 이교도와 관련된 경우가 있었다. 그러므로 산티아고 순례는 이교도와의 투쟁을 의미하며, 특히 이베리아반도에서 진행되던 산티아고 십자군에 참여한다는 것과 같은 의미였다.[15]

물론 일반적인 기적 이야기와 같이 질병에 걸린 사람을 낫게 하는 이야기도 있다. 즉, 성 야고보 숭배의 중요한 요인 중 하나는 기도의 성취에 있었다. 따라서 순례의 목적이 소원 성취에 있었음을 짐작할 수 있다.[16]

좀 더 시간이 흐르면서 순례는 종교적인 성격을 훨씬 더 많이 띠게 된다. 1215년 라테라노 공의회에서 고해가 의무화되고 고해에 따라 죄사함을 받기 위해 대속을 하게 되는데, 이때 중대한 죄에 속하면 순례를 명령받는 경우가 있었다. 물론 이러한 명령에 의해서보다는 영혼 구원을 위한 것이 더 많았을 것으로 생각된다.

훨씬 이후의 시기이기는 하지만 15세기 중반 영국인 윌리엄 웨이(William Wey)가 쓴 산티아고 순례기에는 산티아고 순례를 떠나면 죄의 3분의 1을 면제받고, 가는 도중에 죽으면 완전히 사면을 받는다고 되어 있다.[17] 또한 산티아고에서 열리는 종교 행렬에 참석하면 40일을 면제받으며, 만약 주교가 이 행렬을 이끈다면 200일을 면제

---

15 Tetsuyuki Seki, "Pilgrimage to Santiago de Compostela and the Supporting Network", 『서양중세사연구』 23, 2009, p. 213.

16 Gicquel, pp. 469-504.

17 이러한 면벌(免罰)은 13세기부터 있었다고 한다. D. M. Gitlitz and L. K. Davidson, *The Pilgrimage Road to Santiago: The Complete Cultural Hadbook*, New York: St. Martin's Griffin, 2000, p. 346.

CAPITULUM hujus Almae Apostolicae et Metropolitanae Ecclesiae Compostellanae sigilli Altaris Beati Jacobi Apostoli custos, ut omnibus Fidelibus et Peregrinis ex toto terrarum Orbe, devotionis affectu vel voti causa, ad limina Apostoli Nostri Hispaniarum Patroni ac Tutelaris **SANCTI JACOBI** convenientibus, authenticas visitationis litteras expediat, omnibus et singulis praesentes inspecturis, notum facit:

hoc sacratissimum Templum pietatis causa devote visitasse. In quorum fidem praesentes litteras, sigillo ejusdem Sanctae Ecclesiae munitas, ei confero.

Datum Compostellae die 4 mensis Iunii anno Dni 2001.

산티아고 성당 참사회의 봉인 담당자는 세계 각지로부터 온 신도와 순례자들에게, 그들이 신심에 의해서이건 서약에 의해서건, 에스파냐의 수호성인이자 보호자이신 성 야고보의 교회에 왔음을 진정으로 입증하는 편지를 주며, 이를 보는 모든 사람들에게, (이 사람이) 성심을 다하여 이 성스러운 성당을 방문했음을 알린다. 그의 신앙심을 위해 산티아고 성당의 인장을 찍어서 이 편지를 그에게 준다.

콤포스텔라에서

○○일 ○○월 ○○○○년

순례자 담당 참사회원

산티아고 순례 증명서

받고, 행렬이 성 야고보 축일에 있다면 600일을 면제받는다고 되어 있다. 주교나 수도원장 등 고위 성직자가 집전하는 미사에 참석하면 200일을 면제받고, 산티아고 시내 외곽에 있는 마지막 숙박지인 고소산에서 미사를 드리면 100일을 면제받는다고 되어 있다.

결국 순례의 가장 중요한 목적은 면죄에 있었다. 산티아고 성당에서는 순례자들에게 그곳을 다녀갔다는 증명서를 발급해 주었는데, 증명서의 내용은 매우 단순했지만 그것은 일종의 면죄부였던 셈이다.

순례의 네 가지 길

『산티아고 순례 안내서』는 중세의 서책으로는 드물게 첫 부분에 차례가 나와 있다. 제1장은 산티아고 순례길에 관한 것으로서, 여기에

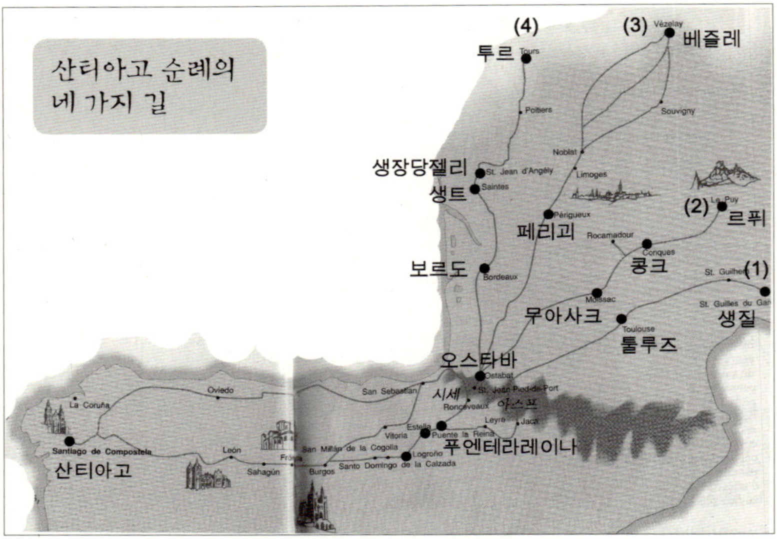

제시된 네 가지 노정은 오늘날에도 가장 많이 이용되는 길이다.

산티아고에 이르는 데에는 네 가지 길이 있는데, 그 길들은 에스파냐 땅에 있는 푸엔테라레이나에서 하나로 합쳐진다. 첫 번째 길은 생질 뒤가르, 몽펠리에, 툴루즈, 그리고 아스프 계곡을 지난다. 두 번째 길은 르퓌의 생트마리 성당, 콩크의 생트푸아 성당, 무아사크의 생피에르 성당을 지난다. 세 번째 길은 베즐레의 생트마리마들렌 성당, 리무쟁의 생레오나르 성당, 그리고 페리괴 시내를 통과한다. 네 번째 길은 투르의 생마르탱 성당, 푸아티에의 생틸레르 성당, 생장당젤리, 생트의 생퇴트로프 성당을 지나 보르도 시내를 지나간다.

콩크의 생트푸아 성당을 지나는 길, 생레오나르를 지나는 길, 투르를 지나는 길은 오스타바 근처에서 하나로 합쳐진다. 그리고 시세 계곡을 지나면 이 길들은 푸엔테라레이나 근처에서 다시 아스프 계곡을 지나온 길과 만난다. 그리하여 그곳에서부터는 하나의 길로 산티아고에 이른다.

그런데 이 과정을 좀 더 자세하게 기록한 제2장에서는 13개 구간으로 되어 있다고 기술하고 있다.[18] 전체적으로 보아 여기에서 제시한 대로 따른다면 13일 만에 순례를 마칠 수 있어야 한다. 그러나 푸엔테라레이나에서 시작한다고 하더라도 순례길은 800킬로미터 정도 된다. 이 거리를 13일 만에 주파하려면 어림잡아 하루에 60킬로미터 넘게 걸어야 한다.[19] 오늘날 일반적으로 순례자가 하루에 걷는 거리는 20-30킬로미터 정도이다.[20] 중세의 순례자들 대부분이 농민이었으므로 그들의 좋지 않은 영양상태를 감안하면, 25킬로미터를 걷기도 힘들었을 것이다. 게다가 순례는 산티아고에 도달하는 것만이 목적이 아니라 도중에 여러 지방에서 성유물을 보거나 그 교회의 미사에 참여하기 위해 상당 기간 머물렀을 것이므로, 실제로 순례를 마치는 데에는 훨씬 더 많은 시간이 걸렸을 것이다. 따라서 여기에 제시

18 "시세 입구부터 산티아고까지 13개의 구간이 있다." Vielliard, pp. 4-5.

19 제2장에서 제시하는 13개 구간을 오늘날의 도로에 적용해서 계산해 보면 다음과 같다(괄호 안 수치는 구간 사이의 거리로, 단위는 킬로미터임): 생미셸-(21)-비스카레트-(28)-팜플로나-(43)-에스테야-(69)-나헤라-(88)-부르고스-(66)-프로미스타-(64)-사아군-(66)-레온-(71)-라바날-(56)-비야프랑카-(57)-트리아카스텔라-(70)-팔라스데레이-(71)-산티아고(총 770킬로미터).

20 도보 여행자가 하루에 갈 수 있는 거리는 15-25킬로미터로, 동반자와 짐을 싣고 말을 탄 채 천천히 간다면 30-40킬로미터 정도 갈 수 있다고 한다. Norbert Ohler, *The Medieval Traveller*, Woodbridge, UK: Boydell Press, 1989, pp. 97-101; 김재현, 「중세 기독교 순례와 도시의 발전」, 『서양중세사연구』 21, 2008, p. 226.

된 일정은 하루의 일정이라기보다는 중요한 지점으로 봐야 할 것이며, 이 책 또한 구체적인 '여행 가이드'라기보다는 산티아고 순례길을 이상화하려는 의도에서 집필된 책이라고 할 수 있다.

더욱이 이 책의 제1장과 제2장에서 순례 일정과 도시에 대해 설명하고 있으나, 각 순례길에 대한 설명은 너무도 소략하고 도시 이름만을 나열하고 있어서 '안내서'라고 하기에는 적절하지 않다. 비록 이 책의 제목이 『산티아고 순례 안내서』라고 번역되어 있지만, 이것은 오늘날과 같은 여행 가이드가 아니다. 만약 이 책이 여행 가이드를 목적으로 한 것이었다면 산티아고 성당에 수백 년 동안 고이 모셔져 있지만은 않았을 것이다.

순례의 여정

제3장부터 제7장까지는 순례길에 대한 내용이다. 순례길의 숙소, 강, 풍토, 인심 등에 대해 설명한 것인데, 부분적으로 설명해 놓았을 뿐 순례길 전체를 고르게 설명하고 있지는 않다. 가령 숙소는 세 군데를 소개하고 있으나 한 군데만이 산티아고 순례길에 있는 장소이다.

강과 풍토와 인심에 대한 내용 중에는 눈여겨볼 만한 부분이 있다. 강에 대한 설명에서는 비교적 많은 에스파냐의 강을 소개할 뿐만 아니라 마실 수 있는 강과 마실 수 없는 강을 구분하고 있다는 점에서 실용적이라고 할 수 있다. 이와 달리 풍토와 인심을 설명하고 있는 제7장은 프랑스 남서부 지방에 대한 설명이 대부분이고, 피레네산맥 너머에 대해서는 나바라 지방만 자세하게 설명할 뿐 그 이후로는 거의 설명이 없다가, 산티아고가 있는 갈리시아 지방에 대해서 다시 설명이 이어진다. 이러한 공백은 나바라에서 갈리시아에 이르는 지역에는 도시가 발달하지 않았음을 짐작하게 해 준다.

또한 순례길 도처에는 위험이 도사리고 있었다. 원래 순례자들은 통행세를 면제받아야 했지만 통행세를 뜯기기도 했고, 강을 건너다가 물에 빠져 죽기도 했으며, 여관 주인들은 순례자들에게 바가지를 씌우기도 했다. 심지어 여관 주인들이 도둑을 시켜서 물건을 훔치기도 하고, 장사꾼들은 물건을 속여 팔기 일쑤였다. 다음 일화는 순례길의 위험성과 성 야고보의 기적을 보여 준다.

> 한 독일 청년이 부모님을 모시고 순례를 하던 중 이곳 여관에 머물게 되었다. 여관집 딸이 이 잘생긴 청년을 유혹했으나, 청년은 그 유혹을 거절했다. 그러자 그녀는 앙심을 품고 교회의 은잔을 청년의 가방에 숨겼다. 다음날 체포된 청년의 가방에서 은잔이 나왔고, 청년은 교수형을 당하여 효시되었다. 그들의 부모는 계속해서 산티아고로 갔고 돌아오는 길에 다시 이곳에 들르게 되었는데, 아들은 효시된 채로 살아 있었다. 전설에 따르면 성 도밍고(산토 도밍고)가 어깨로 그를 떠받쳤다고 한다. 청년의 부모는 영주에게 달려가 이 사실을 알렸다. 그때 마침 구운 닭으로 식사를 하려던 영주는 "만일 당신의 아들이 살아 있다면 이 식탁의 구운 닭도 살아날 것이다."라고 했다. 그러자 그 닭이 꼬꼬댁하며 날아서 도망갔다.[21]

---

21 Gicquel, pp. 478-479.『칼릭스투스 서책』 제2권에 나오는 기적에 관한 이야기 중 다섯 번째 이야기. 이 이야기는 성 도밍고(산토 도밍고)에 관한 기적 이야기로서 여관이 있는 도시가 바로 '산토도밍고 데 라 칼사다(Santo Domingo de la Calzada)'이다. 이러한 전설을 뒷받침이라도 하듯이, 오늘날 산토도밍고 데 라 칼사다의 성당 내부에는 이 전설에 등장하는 닭의 후손이 살고 있는 닭장이 있다.

한마디로 중세의 순례란 오늘날의 여행과는 사뭇 다른 것이었다. 곳곳에 산재해 있는 위험은 차치하고라도 여정 자체에 힘든 구간이 많았다. 풍토에 관한 이러한 내용은 우리에게 중세의 여행과 순례에 대한 정보도 제공해 주지만, 그 당시 사람들의 생활상을 생생하게 보여 준다는 점에서 의의가 있다.

산티아고 순례의 영향

성유물 전파

순례의 중요한 목적 중 하나는 성유골을 보고, 가능하다면 그것의 전체 혹은 일부를 확보하는 것이었다. 순례기의 절반 정도가 성인과 성유물에 할애된 것만 보더라도 성유물의 중요성을 알 수 있다.

> 아를 근처 론강의 두 지류 사이에 있는 트랭크타유라는 마을에는 아름답고 높은 대리석 기둥이 교회 뒤에 우뚝 서 있다. 전하는 바에 따르면 불신자들이 게네시우스를 이 기둥에 묶고 참수했다고 한다. 오늘날에도 그 기둥에서 순교자의 붉은 핏자국을 볼 수 있다.[22] 그런데 그는 목이 잘리자마자 자신의 손으로 잘린 목을 론강에 던졌고 그 자신의 몸은 강물을 타고 호노라투스 성당까지 가서 그곳에서 영면했다. 한편 그의 목은 강물을 타고 떠내려가서 바다에 이르렀고 천사에

22 이 기둥은 1806년까지 이 장소에 있었다고 한다.

의해 에스파냐의 카르타헤나라는 도시로 옮겨졌다.[23]

이 인용문은 사실이라기보다는 두 도시에서 동일한 성인을 모시는 과정에 정당성을 부여하려 한 것으로 볼 수 있다. 이러한 전설로 미루어 트랭크타유에 안치되어 있던 성 게네시우스와 관련된 성유골이 에스파냐의 카르타헤나로 옮겨졌을 것으로 생각할 수 있다. 이러한 이동이 도둑질에 의해 이루어졌을 수도 있지만, 선의에 의해서 혹은 트랭크타유 측에서 인정하는 가운데 카르타헤나로 옮겨졌을 가능성도 크다. 이처럼 옮겨진 이후에 정당성을 부여하기 위해 전설을 꾸며냈던 것이다.

순례기가 이처럼 성인과 성유물을 강조한 것은 그때까지 기독교에 대한 민중의 이해가 완전한 것이 아니었기 때문이다. 민중은 산, 동굴, 나무, 바위, 샘 등 자연물에 대고 복을 빌었다.[24] 이는 아직 완전하게 기독교화되어 있지 않았다는 증거였다. 예수 그리스도는 너무도 추상적이어서 언제 사람들 앞에 나타날지 모를 일이었다. 순례기는 지방 성인에 대한 숭배를 억누르고 좀 더 보편적인 성인을 숭배하도록 유도하려는 의도를 포함하고 있었다.

---

23 Vielliard, pp. 34-37. 게네시우스의 순교 이후 기적에 관한 이야기는 명확하지 않다. 에스파냐의 카르타헤나에서는 성 게네시우스가 '산 히네스 데 하라(San Ginés de Jara)'라는 이름으로 경배되고 있다고 한다. 그러나 이 두 사람이 동일 인물인지는 확실하지 않다. 다만 잘린 목이 강을 타고 카르타헤나에 이르렀다는 이야기는 두 지역에서 동일한 이름의 성인이 숭배되고 있는 이유를 정당화하는 과정에서 생겨난 것으로 볼 수 있다.

24 패트릭 기어리, 『거룩한 도둑질』, 유희수 옮김, 길, 2010, p. 8.

패트릭 기어리(Patrick Geary)에 따르면 12-14세기에 커뮤니케이션과 유동성의 증가로 보편적 성인들이 기독교 세계 전역에 폭넓게 확산되었다고 한다. 여기에 영향을 미친 요인으로는 성모 마리아 숭배의 확산, 사도(apostle)의 권위 고양, 십자군 등을 들 수 있다. 11세기부터 12세기에 걸쳐 유럽 전역에서 성모 마리아 숭배가 확산됨에 따라 상대적으로 지방 성인들의 비중이 낮아졌다. 또한 교황이 베드로의 계승자임을 자처함으로써 사도의 명성을 높이는 역할을 했으며, 십자군을 통해서 사도들과 초기 순교자들의 성유물이 유럽 전역으로 전파되었다. 이로써 지방 성인들보다는 성모 마리아나 사도들에 대한 숭배가 강화되었다.[25]

이러한 변화의 극적인 형태가 바로 성체성사(聖體聖事)이다. 사실 9세기까지도 성체는 비록 그리스도의 몸이기는 하지만 많은 성유골 가운데 하나일 뿐이었다. 그러나 13세기에 이르기까지 점차 성체는 일반적 성유골과는 다른, 특별한 성물이 되어 갔다. 이것은 중세 신심의 핵심이 성인 중심에서 그리스도 중심으로 변하는 과정을 보여 준다. 물론 13세기 이후에도 성인들은 여전히 기적을 일으켰고 많은 순례자들의 마음을 사로잡았다. 그러나 성인들은 점차 그리스도의 아랫자리를 차지하게 되었던 것이다. 이러한 장기적인 과정에서 본다면, 성 야고보 숭배와 그의 유해가 있는 곳으로의 순례는 지방 성인들의 위상을 감소시키는 역할을 했다고 할 수 있다. 물론 『산티아고

---

25 기어리, pp. 50-55. 성모 마리아 숭배가 11-12세기에 유럽 전역으로 확산된 데 대해 기어리는 그 이유가 충분히 해명되지 않았다고 주장했다. 지금까지 성모 마리아 숭배가 확산된 이유로 제시되고 있는 시토수도회의 영성과 이후에 등장한 탁발수도회의 영성은 등장 시기에 오류가 있다는 것이다.

순례 안내서』의 내용으로 미루어 짐작하건대 12세기까지도 여전히 많은 지방에 지방 성인들이 있기는 했지만, 트랭크타유와 카르타헤나의 사례에서 보듯이, 동일한 성인으로 대체되는 경향도 상당히 있었을 것으로 추정된다. 더욱이 순례의 최종 목표가 사도인 성 야고보의 성유골을 경배하는 데에 있었음을 감안한다면, 사도들의 지위가 지방 성인들보다 우월했음을 짐작할 수 있다.

나아가 『산티아고 순례 안내서』의 마지막 장은 산티아고 순례를 마치고 돌아가는 사람들을 환대해 줄 것을 요구하고 있다.

> 푸아티에에서는 두 명의 용감한 프랑스인 순례자들이 아무것도 갖지 못한 채 산티아고에서 돌아오고 있었다. 이들은 하느님과 성 야고보의 사랑으로 재워 줄 것을 요청하며 푸아티에 시내를 […] 돌아다녔으나 결국 잠잘 곳을 구하지 못했다. 그러다가 마침내 […] 마지막 집에서 어떤 가난한 사람에 의해 받아들여졌다. 그러자 하느님의 심판의 결과로서 거센 불길이 타올라 그날 밤 사이에 순례자가 처음 재워 줄 것을 요청했던 집부터 시작해서 그 길에 있던 집들이 순식간에 불타 버렸다. […] 그런데 하느님의 종을 받아들인 집은 하느님의 은총으로 불에 타지 않았다.

순례자들은 순례를 마치고 각자 자신의 고향으로 돌아가는 길에서도 성 야고보에 대한 숭배를 확산시켰던 것이다. 이러한 확산은 순례길에서 끝나는 것이 아니었다. 순례자들은 집에 돌아와서도 성 야고보의 축일을 기렸으며 생 자크 형제회(Confrérie de Saint-Jacques-aux-Pèlerins)를 만들기도 했다.[26]

요컨대 『산티아고 순례 안내서』는 성 야고보와 같은 보편적 성인이 중요성을 확보해 나가던 당시의 상황을 반영하고 있다. 또한 이것은 그리스도를 중심으로 한 성인들의 위계가 확립되는 과정 및 이와 유사하게 로마 교황청을 중심으로 한 단일한 기독교 세계가 확립되는 과정을 반영한다고 할 수 있다.

도시 네트워크의 발달

순례는 도시의 발전에 지대한 영향을 미쳤다. 도밍고(도미니크)는 에스파냐 바스크 지방의 빌로리아(Viloria)에서 태어났다. 그는 여러 차례 베네딕트 수도원에 입회하려고 시도했으나 무식하다는 이유로 거절당하자 은둔생활을 시작했는데, 은둔지가 산티아고 순례길의 통행로에 위치해 있었다. 그 운둔지는 원래 원시림이 무성하고 지극히 위험한 곳이었는데, 그가 이곳에 움막과 기도소를 짓고 살면서 좋은 길을 만들었다. 이곳이 오늘날 '산토도밍고데라칼사다'라는 도시이다. 이렇듯 순례는 그 노정에 새로운 도시를 만들어 냈다. 순례기에 제시된 단계가 13단계인 데 비해 오늘날에는 30여 개로 늘어났는데, 늘어난 숫자만큼 도시도 늘어났다고 할 수 있다.

또한 기존의 도시가 순례 덕분에 발전하는 경우도 많았다. 유럽 각지에서 출발한 순례길이 하나로 합쳐지는 푸엔테라레이나는 순례에 의해 발전한 도시라고 할 수 있다. 순례가 활성화되기 이전에 푸

---

26 14세기 파리에서 가장 유력한 형제회가 노트르담 형제회와 생 자크 형제회였다. 이 형제회에는 당시 파리의 유력 인사들이 가입해 있었고, 그중 한 명이 파리 시장이자 반란의 지도자였던 에티엔 마르셀(Etienne Marcel)이었다.

푸엔테라레이나의 다리

엔테라레이나는 가레스(Gares)라는 이름의 마을이었는데, 마을 주변을 통과하는 강에는 다리도 없었다. 그런데 순례자들이 늘어나면서 왕비의 명에 의해 다리가 만들어졌고, 이 다리를 중심으로 도시가 발전하게 되었다. 이곳에는 프랑스인, 유대인, 나바르인, 프로방스인 등 여러 지역 출신의 사람들이 정착했다. 1142년 나바라의 왕 가르시아 라미레스(García Ramírez)는 이 도시를 성당 기사단에게 주었는데, 기사단은 이 도시에 많은 구호소를 운영했다. 그리하여 푸엔테라레이나는 순례길에 없어서는 안 될 중요한 도시로 발전하게 되었다.

순례길에 있는 교회의 건축 양식

순례가 도시와 도시, 지역과 지역 사이의 교류를 증대시켰다는 사실은 건축 양식에도 반영되어 있다. 『산티아고 순례 안내서』에서 가장

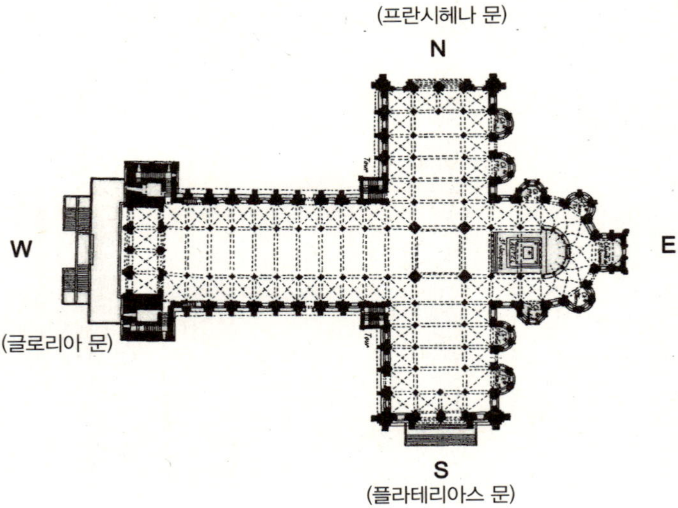

산티아고 성당(성 야고보 교회) 평면도

많은 분량을 차지하고 있는 것은 성인과 성유골에 관한 설명인 제8장이고, 이에 버금가는 분량을 차지하고 있는 것이 바로 산티아고 도시와 교회에 관한 설명을 담고 있는 제9장이다. 이는 그 당시에 교회 건축이 가지고 있었던 중요성을 보여 준다. 먼저 산티아고 성당을 살펴보자.

성당 동쪽에 설치된 제단에는 성 야고보의 유해가 안치되어 있다. 많은 순례자들은 이 유해를 보고 만지기 위해서 그 먼 길을 왔다. 성당 측에서는 더 많은 순례자들이 물 흐르듯이 성당 내부로 들어오도록 하기 위해 중앙통로 양옆으로 복도를 만들었고, 이 복도를 지나 날개 부분을 돌아서 제단에 이르도록 만들었다. 게다가 날개 윗부분에 반원형 예배당을 만들어서, 될 수 있으면 많은 사람들이 제단을

산티아고 성당

생트푸아 성당(콩크)

생세르냉 성당(툴루즈)

생트로핌 성당(아를)

향해 갈 수 있도록 했다. 모든 방향에서 더 많은 순례자들이 동시에 제단을 볼 수 있도록 반원형 통로를 만들었고, 복도에도 많은 예배당을 만들었다. 이 제단을 통과하면 다시 반대쪽 날개를 통해서 교회 밖으로 나갈 수 있도록 만들었다. 한마디로 순례를 위한 교회 건축이었던 셈이다.

산티아고 성당은 1100년경에 건축되었는데, 순례길을 따라서 이와 유사한 구조를 가진 성당들이 건축되었다. 대표적인 성당으로는 콩크의 생트푸아 성당, 무아사크의 생피에르 성당, 툴루즈의 생세르냉 성당, 베즐레의 생트마리마들렌 성당, 아를의 생트로핌 성당 등이 있다. 이 성당들은 건축 양식뿐만 아니라 건물 전면, 즉 서쪽 문 위에 기독교적 상징을 조각해 놓았다는 점에서도 비슷하다. 교회 정문 위의 팀파눔(tympanum)에 새겨진 부조들은 대개 최후의 심판이나 예수의 승천을 표현하고 있다. 특히 산티아고 순례길에 있는 교회들의 특징은 최후의 심판과 같은 기독교의 주요한 이미지가 교회 내부가 아니라 교회 외부, 그것도 신도들이 들어가는 입구에 있다는 점인데, 이것은 그 당시로서는 매우 독특한 것이었다.[27] 대부분 문맹이었던 사람들에게 이미지는 매우 중요한 지식 전달의 도구였다.[28] 그러한 사람들이 교회의 정문에서, 그것도 순례에 지친 몸을 이끌고 대면하게 되는 첫 이미지가 바로 최후의 심판이라면 순례자들은 어떤 생각을 품었겠는가!

이 이미지를 살펴보면, 교회마다 차이는 있지만 한가운데 그리스도가 있고, 그 옆이나 밑으로 열두 사도, 성인들과 천사들이 있다. 산티아고 성당의 정문인 글로리아 문의 팀파눔 조각은 최후의 심판을 표현하고 있는데, 거기에 조각된 예수의 모습은 과거에 비해 훨씬 현실적인 모습을 하고 있다. 최후 심판의 주재자이기는 하지만 육신과 영혼을 가진 존재로 표현되고 있는 것이다. 따라서 예수는 추상적이며 비현실적인 존재가 아니라 현실적인 존재로서 사람들에게 좀 더 친근한 느낌을 주게 되었다. 그렇다고 해서 사람들과 동등하게 된 것은 아니었다. 예수는 여전히 사람들보다 더 위에 존재하는 것으로, 중

---

27 그 당시 이탈리아와 같은 지역에서는 이런 그림이나 조각이 주로 교회 내부에 있었고, 이로 인해 어두워서 신도들이 눈여겨볼 수 없다는 약점을 지니고 있었다. 박성은, 「새로운 대중매체로서의 팀파눔 조각 연구」, 『미술사논단』 24, 2007, pp. 299-300.

28 기독교 교회 역시 이러한 유용성을 인정하여 1025년 아라스 공의회에서 무식한 이들의 교육을 위해 이미지를 이용하는 것을 허용했다. 조르주 뒤비, 『중세의 예술과 사회』, 김웅권 옮김, 동문선, 2005, p. 9.

앙에 더 크게 표현되어 있었다.[29] 좀 더 후대에 세워진 교회의 팀파눔에는 예수와 네 명의 사도(마태오, 마르코, 루카, 요한)가 새겨져 있다. 이러한 부조를 통해 순례자들은 자연스럽게 기독교 세계의 위계질서를 받아들이게 되었을 것이다. 그리고 이러한 팀파눔의 상징들은 고딕 양식의 성당 건축에 영향을 주었다.

오늘날의 상황

산티아고 순례는 오늘날에도 활발하게 이루어지고 있으며, 특히 1980년대부터 순례자 수가 폭발적으로 증가했다. 또한 1993년, 1999년, 2004년에 예외적으로 높은 수치를 보여 주는데, 이는 해당 연도가 성 야고보 성년이었기 때문이다. 따라서 산티아고 순례의 부흥을 이끈 것은 1980년대 초 교황의 직접 방문과 성 야고보 성년 부활에 있다고 할 수 있다.

그러나 그것만으로 지속적인 증가를 설명하기에는 부족하다. 1990년대에 유네스코 세계문화유산으로 지정된 것도 중요한 요인이었지만 그보다 더 중요한 것은 1997년 룩셈부르크에 유럽 문화도로 협회가 생겼고, 이 협회가 유럽연합의 위임을 받아 유럽 문화도로 제1호로 산티아고 순례길을 지정한 일이다. 유럽연합에서 제공하는 산티아고 순례 지도는 중세의 안내서보다 훨씬 다양한 루트를 제공하

29 Georges Duby, *The Age of the Cathedrals*, Chicago: University of Chicago Press, 1981, pp. 284-285.

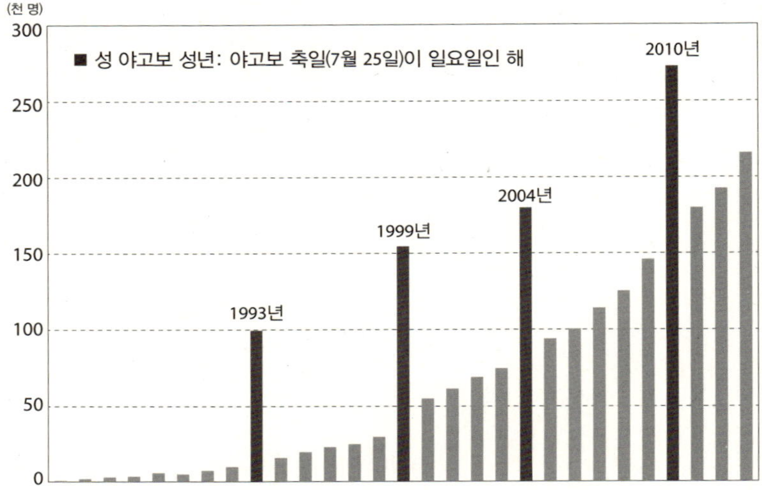

연도별 순례자 수 추이(1985-2013)

고 있다. 유네스코 세계문화유산으로 지정된 순례길도 에스파냐와 프랑스에 한정되어 있었던 것을 고려하면, 유럽연합이 이미 유네스코 세계문화유산으로 지정되어 있는 순례길을 굳이 유럽 문화도로로 선정한 이유를 짐작할 수 있다. 유럽 문화도로협회는 복잡 다양한 유럽의 문화와 사회에서 유럽 공통의 가치를 형성하는 것을 그 목표로 제시하고 있다. 이러한 기준에 비추어 보면 기존의 산티아고 순례길은 주로 프랑스와 에스파냐의 문화유산이지 유럽연합 전체의 문화유산일 수 없었다. 그리하여 유럽 문화도로의 목표를 충족시키지 못했다. 사실 오늘날에도 대부분의 사람들은 프랑스의 피레네산맥 근처 생장피에드포르에서 순례를 시작하지 않는가! 이러한 이유로 유럽연합으로서는 기존의 순례길을 확대해야 할 필요를 느꼈을 것이다. 그리하여 산티아고 순례길은 유럽 어느 곳에서나 출발하는 유럽

산티아고 순례자들의 출신지

(단위: 명)

출신지	2006년	2007년	2008년	2009년	합계
유럽연합	91,224	102,586	112,504	132,108	438,422(90.3%)
유럽 기타	1,315	1,982	2,192	2,114	7,603(1.6%)
북아메리카	3,455	4,079	4,147	4,734	16,415(3.4%)
남아메리카	2,746	3,136	3,273	3,541	12,696(2.6%)
아시아	503	946	1,525	1,806	4,780(1.0%)
오세아니아	870	983	1,184	1,220	4,257(0.9%)
아프리카	266	314	316	325	1,221(0.3%)
합계	110,377	114,026	125,141	145,877	485,421(100%)

의 문화도로가 되었던 것이다.

이러한 점은 유럽연합이 제시하고 있는 순례길 관련 국가(벨기에, 프랑스, 독일, 이탈리아, 룩셈부르크, 포르투갈, 에스파냐, 스위스 등) 목록만 보더라도 알 수 있다. 유럽연합의 이러한 목표가 순조롭게 진행되고 있다는 사실은 순례의 통계에서도 드러난다. 순례자들에 대한 통계는 21세기에 들어서야 시작되었으므로 이전 시대와의 비교는 불가능하지만 적어도 최근 경향을 보여 줄 수는 있다. 순례자들 대부분(약 90퍼센트)이 유럽인들이고 국가별로도 비교적 넓게 분포되어 있다(물론 다른 대륙 사람들도 있기는 하지만 말이다).

이 통계에서 알 수 있는 또 다른 특징은 과거에 비해 종교적 목적의 순례가 줄어들고 있다는 점이다. 이처럼 비종교적이거나, 최소한 종교적 이유와 문화적 이유를 모두 갖는 경우가 증가한다는 것은 유럽연합의 입장에서 본다면 불필요한 논란을 피해 갈 수 있는 구실

순례자들의 순례 동기 (단위: 명)

동기	2006년	2007년	2008년	2009년	합계
종교·문화적	49,726	60,944	63,598	70,303	244,571(50.4%)
종교적	41,793	43,581	50,732	62,188	198,294(40.8%)
비종교적	8,858	9,501	10,811	13,386	42,556(8.8%)
합계	100,377	114,026	125,141	145,877	485,421(100%)

을 제공해 주기도 한다. 즉, 유럽연합이 기독교 국가들만의 연합이 아닌가 하는 의구심과 비난이 존재하는 것이 사실이다. 그러한 상황에서 기독교 순례길을 문화적 통합의 상징으로 삼는 것은 어찌 보면 논란에 불을 붙이는 격이라고 할 수도 있었다. 그러나 순례길에서 종교적인 색채가 점차 옅어지고 문화적 또는 세속적 경향이 강해짐으로써 오히려 유럽연합이 단지 기독교의 연합이 아니라는 좋은 증거로 작용할 수 있게 되었다. 앞으로 순례자 수가 늘어나면 늘어날수록 기독교적 성격은 줄어들 것이다. 특히 우리나라를 비롯한 아시아 국가의 순례자들이 증가한 것은 비기독교적 성격을 강화시키는 요인으로 작용할 것이다. 한마디로 산티아고 순례자가 늘어날수록 종교적 색채는 약화될 것이고, 이에 따라 산티아고 순례길은 유럽연합의 문화도로로서 중요성이 커질 것이다.

일러두기

1. 본문의 번역은 피델 피타(Fidel Fita)의 라틴어 편집본과 잔 비에야르(Jeanne Vielliard)의 라틴어-프랑스어 대역본을 저본으로 하였으며, 필요에 따라 윌리엄 멜저(William Melczer)의 영역본을 참조하였다.
2. 인명은 1000년경을 기준으로 하여 그 이전은 라틴어, 그 이후는 속어 표기를 원칙으로 하고, 필요한 경우 각주에서 속어 또는 라틴어를 밝혔다. 그리고 가톨릭 인명 중에서 이미 관행적으로 널리 사용되고 있는 이름은 그에 따랐다. 예를 들어 성 야고보의 경우 야곱, 세인트 제임스(Saint James), 생 자크(Saint Jacques), 산티아고(Santiago) 등 여러 이름이 있으나, 인물을 지칭할 때에는 '성 야고보'라고 하였고, 에스파냐의 지명이나 순례길을 나타낼 때에는 '산티아고'로 하였다.
3. 지명은 오늘날 국경에 맞추어 표기하는 것을 원칙으로 했다. 단, 피레네산맥의 지명은 프랑스어와 에스파냐어를 병기하기도 했다. 예를 들어 오늘날 에스파냐 영토인 론세스바예스(Roncesvalles)는 잘 알려진 중세의 무훈시 「롤랑의 노래」에 프랑스어 롱스보(Ronceveaux)로 표기되어 알려져 있으므로 맨 처음 나오는 경우 병기하였다.
4. 지명과 인명의 경우 각주를 통해서 설명하였고 성인 명단과 지명 목록(원문 병기)은 부록으로 수록하였다.
5. 성인에 대한 설명은 최정오의 『가톨릭 성인 사전』(작은예수, 1986)을 참고하였다.
6. 고유명사의 경우 뜻을 가지고 있다고 하더라도 발음 그대로 표기했으며, 각주에 뜻을 풀이하였다. 가령 '산살바도르 예배당'의 경우 산살바도르는 '구세주'라는 뜻이지만 '구세주 예배당'이라고 하지 않고 '산살바도르 예배당'이라고 했다.
7. 본문에 있는 그림이나 사진은 원래의 필사본에는 없는 것으로, 옮긴이가 독자의 이해를 돕기 위해 추가한 것이다.
8. 성경을 인용하는 경우 가톨릭 성경인 『새번역성경』을 이용하였다. 중세 시대에는 불가타 성경을 사용했기 때문이다. 또한 성인들에 관한 정보는 주로 『가톨릭 성인 사전』을 참조했는데 해당 인용 구절들이 『새번역성경』에 근거해 있었기 때문이기도 하다.

Liber Sancti Jacobi

산티아고 순례 안내서

여기부터 사도 성 야고보의 책 제5권이 시작된다

복자(福者, Beatus)[1] 교황 칼릭스투스의 요약

교양 있는 독자가 우리의 이 책 속에서 진리를 발견하고자 한다면 이 책을 펼치자마자 곧바로 그것을 찾을 수 있을 것이다. 왜냐하면 아직도 살아 있는 수많은 사람들이 이 책에 쓰인 것들이 진리임을 증명해 줄 것이기 때문이다.

제1장 산티아고 데 콤포스텔라 순례길[2]

제2장 사도의 길의 여정

제3장 여정에 있는 도시의 이름

제4장 세상에서 가장 훌륭한 3대 숙소

제5장 산티아고 순례길을 만든 사람들

---

1 준성인(準聖人). 가톨릭교회가 공경의 대상으로 공식 선포한 사람으로, 남자는 '복자', 여자는 '복녀'라 한다. 복자가 시성(諡聖)되면 성인(여자는 성녀)이 된다.

2 영어의 The Route of St. James, 프랑스어의 Les Chemins de Saint-Jacques, 에스파냐어의 El Camino de Santiago de Compostella 그리고 라틴어의 Iter Sancti Jacobi를 모두 '산티아고 데 콤포스텔라 순례길' 또는 줄여서 '산티아고 순례길'로 번역하였다.

제6장 순례길의 좋은 강과 해로운 강

제7장 순례길의 풍토와 인심

제8장 순례길에서 들러야 할 성유골과 성 에우트로피우스[3]의 수난

제9장 산티아고 데 콤포스텔라 도시와 성당

제10장 산티아고 성당 제단의 봉헌물 분배

제11장 산티아고 순례자에 대한 환대

---

3 프랑스 생트의 초대 주교. 에우트로피우스는 원래 교황 클레멘스 1세(Clemens I)에 의해 로마에서 파견되어 복음을 전하던 사람이었다. 그는 이 지방을 다스리던 로마 관리의 딸인 에우스텔라(Eustella)를 개종시키고 세례를 주었다. 그 사실을 알게 된 에우스텔라의 아버지는 에우트로피우스를 살해하도록 지시하였다. 그는 도끼에 맞아 순교하였고, 에우스텔라는 에우트로피우스가 살던 방에서 기도에 전념하다가 일생을 마쳤다고 한다.

제1장 산티아고 데 콤포스텔라 순례길

산티아고에 이르는 데에는 네 가지 길이 있는데, 그 길들은 에스파냐 땅에 있는 푸엔테라레이나[1]에서 하나로 합쳐진다. 첫 번째 길은 생질뒤가르,[2] 몽펠리에, 툴루즈, 그리고 아스프 계곡[3]을 지난다. 두 번째 길은 르퓌의 생트마리 성당, 콩크의 생트푸아 성당, 무아사크의 생피에르[4] 성당을 지난다. 세 번째 길은 베즐레의 생트마리마들렌[5] 성당, 리무쟁의 생레오나르 성당, 그리고 페리괴 시내를 통과한다. 네 번째 길은 투르의 생마르탱 성당, 푸아티에의 생틸레르 성당, 생장당젤리, 생트의 생퇴트로프[6] 성당을 지나 보르도 시내를 지나간다.

---

1 Puente la Reina, (L.) Pons reginae. '여왕의 다리[橋]'라는 뜻으로, 이 도시의 이름은 도시를 관통하는 아르가강 위에 놓여 있는 5개의 아치로 이루어진 다리에서 유래하였다. 이 다리는 나바라 왕국의 산초 3세(Sancho III el mayor, 재위 1004-1035)의 부인인 도냐 마요르(Doña Mayor)에 의해 건설되었다고 하는데, 그 진위는 의심스럽다.

2 Saint-Gilles du Gard. '생 질(Saint Gilles)'은 성 에지디우스(Aegidius)의 프랑스어 표기.

3 프랑스어로는 아스프(Aspe) 계곡이며 에스파냐어로는 솜포르트(Somport) 계곡이다. 라틴어 원문에 asper로 되어 있으므로 '솜포르트'라고 하지 않고 '아스프'라고 옮겼다.

4 Saint-Pierre. 피에르는 '베드로'를 말하므로 굳이 번역하자면 '성 베드로 성당'이 될 것이나, 일러두기에서 밝힌 것처럼 이 책에서는 발음 그대로 옮겼다.

5 Sainte-Marie-Madeleine. '마리 마들렌'은 '마리아 막달레나'를 말한다.

푸엔테라레이나에 있는 순례자 동상. 동상 아랫부분에는 "여기부터 산티아고로 가는 모든 순례길은 하나다"라고 쓰여 있다.

콩크의 생트푸아 성당을 지나는 길, 생레오나르를 지나는 길, 투르를 지나는 길은 오스타바 근처에서 하나로 합쳐진다. 그리고 시세 계곡을 지나면 이 길들은 푸엔테라레이나 근처에서 다시 아스프 계곡을 지나온 길과 만난다. 그리하여 그곳에서부터는 하나의 길로 산티아고에 이른다.

---

6 '생퇴트로프(Saint Eutrope)'는 성 에우트로피우스의 프랑스어 표기.

제2장 사도의 길의 여정[1]

- 교황 칼릭스투스[2]

아스프에서 푸엔테라레이나까지는 사흘이 걸리는 구간이다. 첫 구간은 아스프산 기슭에서 가스코뉴 지방 쪽에 있는 보르세라는 도시에서부터 하카까지이다. 두 번째 구간은 하카에서 몬레알까지이다. 세 번째 구간은 몬레알에서 푸엔테라레이나까지이다.

시세 입구부터 산티아고까지 13개의 구간이 있다. 첫 구간은 시세 고개 아래쪽에 있는 생미셸에서 가스코뉴 지방의 산비탈을 지나 비스카레트까지인데, 이 구간은 짧다. 두 번째 구간은 비스카레트에서 팜플로나까지인데, 이 구간은 얼마 되지 않는다. 세 번째 구간은

---

1 원문의 dietis(dies)는 하루 동안의 여행을 의미하므로 '구간' 또는 '여정', '일정'이라고 번역해야 할 것이다. 프랑스어 번역은 etape, 영어 번역은 day's travel 또는 stage로 되어 있다.

2 이 책의 편집자는 에므리 피코(Aimery Picaud)이다. 제2장과 제6장의 제목 아래에는 '교황 칼릭스투스'라고 적혀 있는데, 이는 교황이 작성했음을 표시하는 것으로 생각할 수 있다. 그런데 제5장에는 에므리의 이름만 쓰여 있고 제9장에는 교황과 에므리의 이름이 병기되어 있다. 그리고 나머지 장들에는 이름이 기록되어 있지 않다. 따라서 반드시 작성자나 공동 집필자의 이름이라고 생각하기는 어렵다. 이에 대해 영어본 번역자인 멜저도 집필자를 나타낸다기보다는 임의로 적어 넣은 것으로 해석하였다.

팜플로나에서 에스테야까지이다. 네 번째는 에스테야부터 나헤라까지이며 말을 타고 간다. 다섯 번째 구간은 나헤라부터 부르고스까지인데 마찬가지로 말을 타고 간다. 여섯 번째는 부르고스에서 프로미스타까지이다. 일곱 번째는 프로미스타에서 사아군까지이다. 여덟 번째는 사아군에서 레온까지이며, 아홉 번째는 레온에서 라바날까지이다. 열 번째는 라바날에서 비야프랑카까지이다. 비야프랑카는 이라고 계곡을 지나 발카르세 계곡 입구에 있다. 열한 번째는 비야프랑카에서 세브레로 계곡을 지나 트리아카스텔라까지이다. 열두 번째는 트리아카스텔라에서 팔라스데레이까지이다. 열세 번째는 팔라스데레이부터 산티아고까지인데, 이 구간은 짧다.[3]

---

3 참고로 여기에 제시된 구간 사이의 거리는 다음과 같다(괄호 안 수치는 구간 사이의 거리로, 단위는 킬로미터임). 거리는 오늘날의 자동차 도로를 계산한 것이므로 순례길의 거리와는 차이가 있을 수 있다.

보르세-(36)-하카-(97)-몬레알-(27)-푸엔테라레이나(총 160킬로미터).

생미셸-(21)-비스카레트-(28)-팜플로나-(43)-에스테야-(69)-나헤라-(88)-부르고스-(66)-프로미스타-(64)-사아군-(66)-레온-(71)-라바날-(56)-비야프랑카-(57)-트리아카스텔라-(70)-팔라스데레이-(71)-산티아고(총 770킬로미터).

여기에서 제시된 대로라면 13일 만에 순례를 마칠 수 있어야 한다. 그러나 피레네산맥부터 시작한다 하더라도 순례길은 700-800킬로미터에 달한다. 이 거리를 13일 만에 주파하려면 어림잡아 하루에 60킬로미터 넘게 걸어야 한다. 오늘날 일반적으로 순례자가 하루에 걷는 거리는 20-25킬로미터 정도인데, 중세의 순례자들 대부분이 농민이었으므로 이들의 좋지 않은 영양 상태를 감안하면 25킬로미터를 걷기도 힘들었을 것이다. 게다가 순례는 산티아고에 도달하는 것만이 목적이 아니라 중간에 여러 지방에서 성유물을 보거나 그곳 교회의 미사에 참여하기 위해 상당 기간 머물렀을 것이므로 실제 순례를 마치는 데에는 더 많은 시간이 소요되었을 것이다. 따라서 여기에 제시된 일정은 하루의 일정이라기보다는 중요한 지점으로 봐야 할 것이다.

제3장 여정에 있는 도시의 이름

아스프 계곡에서 푸엔테라레이나 사이에 있는 산티아고 순례길의 도시들은 다음과 같다. 우선 산 아래, 가스코뉴 방향 산비탈에 보르세가 있다. 그 다음 능선을 지나면 산타크리스티나 숙소[1]가 있다. 그 다음에는 칸프랑크, 하카, 그리고 뒤이어 오스투리트와 티에르마스[2]를 만난다. 오스투리트와 티에르마스에는 항상 뜨거운 물이 담겨 있는 국왕의 목욕탕이 있다. 그 다음에 몬레알이 있고, 마침내 푸엔테라레이나에 이르게 된다.

시세 고개부터는 갈리시아의 성당[3]까지 가는 산티아고 순례길에서 가장 중요한 도시들이 있다. 우선 시세산 아래 가스코뉴 지방 산비탈 위에 생미셸 마을이 있다. 그리고 시세산의 능선을 타고 계속

---

1 원문의 hospitalis는 병원이 아니라 숙소를 말한다. 산타크리스티나(Santa Cristina) 숙소는 피레네산맥의 에스파냐 쪽 사면에 있으며 11세기에 세워진 것으로 전해진다. 전략적 요충지에 있었으므로 프랑스와 아라곤 모두로부터 보호를 받았으며, 1226년 수도원으로 바뀌었다.

2 티에르마스(Tiermas)라는 지명은 '열기', '온천'을 뜻하는 terma에서 유래된 것으로 보이며, 특정한 지명이라기보다는 주변에 온천이 있는 마을을 뜻하는 것으로 보인다.

3 산티아고 데 콤포스텔라에 있는 성당을 말한다.

가면 롤랑의 숙소[4]가 나오고 뒤이어 론세스바예스가 나온다. 그 다음으로 비스카레트, 라라소아냐, 팜플로나, 푸엔테라레이나, 에스테야가 있다. 이곳들에서는 좋은 빵과 함께 풍부한 고기와 생선을 맛볼 수 있으며, 물산이 좋고 풍부하다.

그 다음 로스아르코스, 로그로뇨와 비야로야를 지나면 나헤라, 산토도밍고, 레데시야, 벨로라도, 비야프랑카, 오카 숲, 아타푸에르카, 부르고스, 타르다호스, 오르니요스델카미노, 카스트로헤리스, 이테로델카스티요 다리, 프로미스타, 카리온 등이 있는데, 이곳들은 산업이 발달하여 번영한 도시들이다. 즉, 빵과 포도주, 고기 등을 비롯하여 모든 물자가 풍부하다. 그 다음에는 사아군이 있는데, 사아군은 매우 부유한 도시이다. 사아군에는 '승리한 전사의 눈부신 창'이라고 불리는 초원이 있는데, 그곳은 신의 영광을 기리기 위하여 나무를 심어서 한때는 녹음이 우거졌던 곳이다.

그 다음에는 만시야와 레온이 있는데, 레온에는 국왕의 처소와 왕궁이 있으며 모든 종류의 행복이 넘쳐 나는 곳이다. 그 다음으로 오르비고, 아스토르가, 정복당한 적이 있는 도시인 라바날이 있으며,[5] 그 다음으로는 이라고 고개와 몰리나세카, 그리고 폰페라다, 카카벨로스, 발카르세 입구에 비야프랑카가 있다. 그 다음 사라신 성채와

4 론세스바예스 근처에 있던 오래된 숙소를 롤랑의 전설과 연관시킨 것으로 보이며, 이 숙소는 11세기 이전부터 있었던 것으로 짐작된다. 론세스바예스는 프랑스어로 '롱스보(Roncevaux)'라고도 한다.

5 이 부분의 라틴어 원문은 "Raphanellus qui captivus cognominatus est"이다. 프랑스어본 번역자인 비에야르는 captivus를 프랑스어로 captivé(포로가 된, 함락당한)로 번역했다. 이와 달리 에스파냐어 번역자인 모랄레호(Moralejo)는 갈리시아-포르투갈어 cativo에서 파생된 말로 간주하여 '작다'라는 뜻으로 번역했다.

비야우스,[6] 정상에 숙소가 있는 세브레로산 고개가 있다. 이 산 기슭에는 리나레스와 트리아카스텔라가 있는데, 이곳에서 순례자들은 카스타녜다의 사도를 위한 교회 건축에 쓸 석회를 만들기 위해 돌멩이 하나를 가지고 간다.[7]

그리고 산미구엘 마을을 지나 바르바델로, 미뇨 다리, 살라데라레이나, 팔라스데레이, 레보레이로, 산티아고데보엔테, 카스타녜다, 비야노바, 페레이로스, 그리고 콤포스텔라에 이른다. 콤포스텔라는 가장 훌륭한 사도의 도시이며, 환희로 가득 차 있고, 성 야고보의 귀중한 시신이 보관되어 있으며, 그로 인해 에스파냐에서 가장 훌륭하고 고귀한 도시로 인정받고 있다.

만약 내가 위에서 도시들과 일정을 너무 빠르게 나열했다면, 그것은 산티아고로 순례를 떠나려는 이들에게 정보를 제공하여 순례길에 필요한 경비를 추측해 보도록 하기 위해서이다.

---

6 최초의 라틴어본 편집자인 피타는 Villa Urz, 모랄레호는 Villa Uz로 간주하고 있다.

7 트리아카스텔라로부터 카스타녜다까지의 거리는 대략 80킬로미터 정도이다. 따라서 이러한 석회석 운반은 교회 건축에 트리아카스텔라의 석회가 반드시 필요해서였다기보다는 순례자들의 헌신을 기리고 다른 사람들의 헌신을 촉구하기 위한 것으로 생각된다.

제4장 세상에서 가장 훌륭한 3대 숙소

하느님은 불쌍한 자들을 돕기 위해 세상에 3개의 기둥을 만들었다. 즉, 예루살렘의 숙소,[1] 몽주산의 숙소[2]와 아스프에 있는 산타크리스티나 숙소이다. 사람들이 필요로 하는 장소에 세워진 이 숙소들은 신성한 장소이며 신의 집이다. 이곳에서 순례자들은 위안을 얻으며, 지친 자들은 쉼을 얻을 것이고, 병든 자들은 위안을 얻을 것이며, 죽은 자들은 구원을 얻고 살아 있는 자들은 도움을 얻을 것이다.

그러므로 이 성스러운 숙소를 세운 사람은 누구든 의심할 바 없이 하느님의 왕국을 가질 것이다.

---

1 제1차 십자군 당시 예루살렘을 정복한 십자군 중 일부 기사들이 정복지에 구호소를 설치하여 운영했는데, 이를 병원 기사단(Order of Hospitallers) 또는 요한 기사단(Order of Knights of St. John)이라고 한다. 요한 기사단은 1099년 예루살렘 정복에 참여했고, 그 후 예루살렘에 순례자를 위한 숙소를 세웠다. 요한 기사단의 기사들은 검은 바탕에 흰색 십자가 문장이 새겨진 망토를 입었고, 이들과 달리 템플 기사단은 흰 바탕에 붉은색 십자가 문장의 망토를 입었다.

2 몽주산의 숙소는 알프스산맥의 생베르나르 협곡에 있다. 중부 유럽과 이탈리아를 연결하는 가장 중요한 통로에 있는 숙소로서, 로마로 순례를 가는 사람들이 반드시 들러야 하는 곳이다. 11세기 중반에 아오스타의 베르나르(Bernard d'Aosta, Bernardo di Aosta)가 세웠다.

제5장 산티아고 순례길을 만든 사람들

- 에므리[1]

다음은 길을 만든 사람들의 이름이다. 디에고[2]가 산티아고 대주교이고 알폰소[3]가 에스파냐와 갈리시아의 황제이며 칼릭스투스가 교황이었던 시절, 아라곤의 왕 알폰소[4]와 프랑스 국왕 비만왕 루이[5]의 치세, 특히 1120년 이전에 하느님과 사도들의 사랑으로 라바날부터 미뇨에 이르는 산티아고 순례길을 다시 만든 사람들이다. 안드레아, 로게리우스, 알비투스, 아르날두스, 스테파누스 등이 그들이며 우라카 여

---

1 이 책의 저자로 강력히 추정되고 있는 에므리 피코를 말하는데, 그의 이름은 제9장에도 나온다. 에므리 피코는 교황의 서기 또는 문서관리관이었다.

2 디에고 헬미레스(Diego Gelmírez). 1100년에는 산티아고 데 콤포스텔라 주교, 1120년에는 대주교가 되었다.

3 에스파냐의 역사에는 수많은 알폰소가 등장하는데, 여기 언급된 사람은 알폰소 7세이다. 그는 1105년 갈리시아에서 출생하여 1111년 갈리시아의 왕이 되었고, 1126년에는 레온과 카스티야의 왕이 되었으며, 1135년에는 에스파냐 제국의 황제가 되었다. 1156년 사망하여 톨레도에 묻혔다.

4 '엘 바타야도르(el batallador, 전사)'라는 별명을 가진 아라곤과 나바라의 왕 알폰소 1세(1073-1134). 알폰소 1세는 1134년에 사망했으므로 이 책이 작성된 연대가 1134년을 넘지 않을 것으로 추정할 수 있다.

5 프랑스의 국왕 루이 6세(1081-1137).

왕[6]이 파괴한 미뇨 다리를 재건한 페트루스도 있다. 이들과 관련자들의 영혼이여 편히 쉬소서.

6 레온, 카스티야, 갈리시아의 여왕으로서 '무모 여왕(la Temeraria)'이라고 불린다.

제6장 순례길의 좋은 강과 해로운 강
- 교황 칼릭스투스

이제 시세와 아스프 계곡에서 산티아고에 이르는 도중에 만나게 되는 강들을 알아보자.

아스프 계곡으로부터 아라곤이라는 강이 흘러 에스파냐에 물을 공급하는데, 이 강물은 건강에 좋다. 시세 계곡에서는 루나라는 이름의 강이 흘러 나와 팜플로나 지방을 지나가는데, 이 강물 역시 몸에 좋다. 푸엔테라레이나에서 아르가강과 루나강이 합류한다. 로르카라는 곳에서 동쪽으로 살라도[1]라는 강이 흐르는데, 이 강물은 치명적이므로 말에게 먹여서도 안 되며, 말이 물을 마시게 내버려 두어서도 안 된다. 산티아고로 가는 도중에 강가에서 칼을 갈고 있는 두 명의 나바라 사람을 볼 수 있는데, 이들은 순례자의 말이 강물을 마시면 가죽을 벗겨 죽이곤 했다. 우리가 그들에게 물었을 때 그들은 강물이 건강에 좋고 마실 수 있는 물이라고 거짓말로 대답했

---

1 '리오(Rio)'는 에스파냐어로 '강(江)'이라는 뜻으로, '리오 살라도'라고도 한다. '살라도(salado)'는 에스파냐어로 '소금기 있는'이라는 뜻이므로 염분이 많은 강물일 것으로 생각된다. 따라서 마셔서는 안 되는 강물이다.

다. 그리하여 우리가 말에게 강물을 먹이자 말들 중 두 마리가 죽고, 그 자리에서 두 사람이 말의 가죽을 벗겼다. 에스테야에는 에가강이 흐르는데, 이 강물은 부드럽고 건강에 좋은 최고의 물이다. 반대로 로스아르코스 마을을 지나는 강물은 해롭다. 로스아르코스를 지나 첫 번째 숙소 방향으로 가다 보면 강이 하나 흐르는데, 이 강물은 사람과 말 모두에게 해롭다. 나바라 지방의 토레스[2]라는 마을에는 사람과 말에게 모두 해로운 강이 흐른다. 그 다음으로 쿠에바스라는 마을에도 강물이 흐르는데, 이 강물 역시 해롭다. 로그로뇨에는 에브로라는 큰 강이 흐르는데, 이 강물은 건강에 좋고 강에는 물고기가 많다. 에스테야에서 로그로뇨에 이르는 길에 있는 강물은 사람이나 말에게 해롭고, 그 강물에서 잡은 물고기들은 독성을 지니고 있다. 세칭 바르보(barbo)라고 하고, 푸아투 지방에서는 알로즈(alose)라고 부르며, 이탈리아 사람들이 클리피아(clipia)라고 부르는 생선[3]을 먹을 경우, 혹은 에스파냐에서건 갈리시아 지방에서건 장어나 잉어를 먹을 경우, 즉사하거나 적어도 아주 심하게 아플 것이 확실하다. 어떤 사람이 그 생선을 먹었음에도 운 좋게 아프지 않는다면, 그는 다른 사람보다 훨씬 더 건강한 사람이거나 그 지방에서 오래 산 사람일 것이다. 에스파냐와 갈리시아 지방의 모든 생선, 쇠고기, 돼지고기는 다른 지방 사람들에게 탈을 일으킨다.

마셔도 건강에 유익하며 소금기 없는 물을 제공하는 강의 명칭을 사람들이 부르는 대로 표기하면 다음과 같다. 이테로 다리 아래

---

2 토레스델리오(Torres del Rio)를 가리킨다.

3 이 생선은 청어의 일종이다.

를 지나는 피수에르가강, 카리온[4]을 지나는 카리온강, 사아군에 있는 세아강, 만시야에 있는 에슬라강, 만시야와 레온을 연결하는 큰 다리 밑을 지나는 포르마강, 레온 근처 카스트로 데 로스 후디오스[5] 아래로 흘러가는 토리오강, 카스트로 데 로스 후디오스의 반대편 지역, 즉 아스토르가를 지나는 베르네스가강, 발베르데의 폰페라다를 지나는 실강, 카카벨로스를 지나는 쿠아강, 비야프랑카의 다리 아래를 지나는 부르비아강, 포르토마린을 지나는 미뇨강, 산티아고에서 2마일 떨어져 있는 곳을 지나는 세칭 라바멘툴라강이라고 불리는 강. 이 강의 이름은 프랑스에서 온 순례자들이 사도에 대한 존경심에서 자신들의 등뿐만 아니라 옷을 벗고 온몸을 씻기 때문에 붙여진 이름이다.[6] 그리고 고소산[7]과 산티아고 도시 사이를 흐르는 사르강은 건

---

4 카리온 데 로스 콘데스(Carrión de los Condes)라는 도시를 말한다.

5 카스트로 데 로스 후디오스(Castro de los Judios)는 라틴어로 Castrum Judaeorum으로서 '유대인 거주지'를 뜻한다.

6 '라바멘툴라(Lavamentula)'는 '씻다(lava)'와 '남자의 성기(mentula)'의 합성어이다. 그러나 이에 대해서 중세 무훈시의 대가인 조세프 베르디에(Joseph Berdier)는 실제로 성기를 씻었다기보다는 저자의 외설스러운 농담으로 간주하고 있다. 따라서 온몸을 구석구석 씻는다는 의미로 해석해야 할 것이다.

7 Mons Gaudii. 에스파냐어로는 Monte del Gozo이며, 프랑스어로는 Mont de la Joie이다. '즐거움의 산'이라는 뜻에서 알 수 있듯이, 이 산의 정상에서 산티아고 도시를 볼 수 있다. 산 정상에 있는 디에고 헬미레스가 세운 산타크루즈(Santa Cruz, 성 십자가) 예배당에는 성 마르코의 유물이 보관되어 있었다. 『칼릭스투스 서책』 제2권에 고소산에 얽힌 기적 이야기가 실려 있는데, 간단하게 소개하면 다음과 같다. 1080년 알사스 로렌에서 서른 명의 순례자가 출발했다. 이들 중 스물아홉 명은 순례 도중에 서로 돕겠노라고 서약했으나 한 명은 서약을 거부했다. 이 일행이 프랑스 남서부 가스코뉴 지방에 이르렀을 때 그중 한 명이 병에 걸리자 일행은 병자를 마차에 싣고 15일 동안 순례 여행을 하여 피레네산맥의 시세에 이르렀다. 병자를 데리고 피레네산맥을 넘을 수 없다고 판단한 일행은 병자를 포기하고 산맥을 넘어갔지만, 서약을 거부했던 사람은 포기하지 않고 밤새 기도를 한 후 병자가 피레네산맥을 넘을 수 있도록 도와주었

강에 좋은 물을 공급해 주는 것으로 전해진다. 이와 유사하게 사렐라 강은 산티아고 도시의 다른 쪽, 즉 동쪽을 지나는데 건강에 좋은 강으로 통한다.

나는 산티아고 순례자들이 해로운 물을 마시지 않고 건강에 좋은 물을 마시도록 하기 위해 강들에 대해 언급했다.

다. 그러나 밤에 기온이 너무 낮아 병자는 그만 죽고 말았다. 시신을 묻어 주려고 날이 밝기를 기다리고 있을 때 어느 기사가 나타나서 그 두 사람을 말에 태우고 밤새 달려 동이 틀 무렵 이들은 고소산에 이르렀고, 병들어 죽은 순례자는 산티아고 도시에 묻히게 되었다. 바로 이 기사가 말을 타고 달리는 모습의 성 야고보이다. Gicquel, pp. 476-477.

제7장 순례길의 풍토와 인심

산티아고 순례길 중 툴루즈 길은 가론강을 지나 가장 먼저 가스코뉴 지방으로 접어들게 된다. 그 이후에는 아스프 고개를 지나 아라곤 땅으로 들어가며, 그 다음에는 나바라에 이르고 뒤이어 아르가강의 다리[1]와 그 너머로 나아가게 된다.

투렌 지방을 지나 시세 고개로 이르는 길을 가다 보면 푸아투 지방을 지나게 되는데, 이 지방은 비옥하여 살기 좋을 뿐만 아니라 매우 행복한 곳이다. 푸아투 사람들은 건장하며 전사들이다. 이들은 전투에서 활과 화살, 창을 능숙하게 다루며 전열을 흐트러뜨리지 않고도 매우 빨리 달린다. 이들은 옷을 입는 데 있어서는 아름답고 표정은 밝으며, 말을 할 때는 세련되게 하고 성심으로 환대한다.[2]

그 다음에는 생통주 지방에 이른다. 그리고 가론강의 삼각주를 지나 보르도 지방으로 들어가는데, 이 지방은 포도주가 훌륭하며 생

1 '아르가강의 다리'는 '푸엔테라레이나'를 말한다.

2 푸아투 지방과 그 지방 사람들에 대한 이러한 호의적인 평가는 이 책의 저자인 에므리 피코가 이 지방 출신인 데서 연유한 것으로 생각된다.

선이 많이 잡힌다. 그러나 사람들의 말씨는 거칠다. 생통주 사람들이 거칠게 말하는 것으로 유명하지만, 보르도 사람들은 그보다 더 거칠다. 그 다음에는 보르도 지방의 랑드 지역을 사흘 동안 고달프게 걸어서 지나야 한다.

이 지역은 모든 것이 빈곤한 땅이다. 빵도 없고 포도주나 고기, 또는 생선도 없으며, 물이나 샘도 없다. 모래가 많은 이 평원지대에는 마을도 거의 없다.[3] 그러나 꿀, 메밀, 기장,[4] 돼지[5]가 많다. 한여름에 이곳을 지난다면 말벌이나 파리[6]라고 불리는 엄청난 무리의 날벌레로부터 자신을 잘 보호해야 한다. 만약 해변에서 주의 깊게 발을 내딛지 않는다면 많은 바닷모래에 갑자기 무릎까지 빠지게 될 것이다.

이 지방을 지나면 가스코뉴에 이른다. 가스코뉴에서는 하얀 빵을 만들어 먹고 질 좋은 적포도주를 마신다. 이 지방은 숲과 초지로 둘러싸여 있으며, 강과 건강한 물이 나오는 샘이 곳곳에 있다. 가스코뉴 사람들은 말을 가볍게 하며 수다를 잘 떨고 놀리기를 좋아하며, 음탕

---

3 이 부분의 원문을 살펴보면 "ipsa est tellus omni bono desolata, pane, vino, carne, piscibus, acquis et fontibus vacua, villis rara, plana, sabulosa ..."와 같이 저자는 이 지방의 특성을 의식주나 문화 등 하위범주로 분류하지 않고 나열하고 있다.

4 원문에는 '빵'을 뜻하는 panicium으로 되어 있지만 이는 panicum을 잘못 쓴 것으로 보인다. 비에야르는 panicum을 '기장(panic)'이라고 번역했으나 권위 있는 중세 라틴어 사전인 니어마이어(Niermeyer)의 사전에는 panicum italicum이 '이탈리아산 메밀(millet italien)'로 번역되어 있다.

5 맨 처음 『산티아고 순례 안내서』를 편집한 피타는 grugnis를 '야생돼지(porc a bois)'라고 번역했다. 중세 라틴어 gruinum은 '돼지주둥이(groin)'를 뜻한다. 비에야르는 grugnis의 '-n-'을 '-u-'로 읽어서 'gruguis'로 옮겨 적었으나 뜻은 '돼지'로 번역했다.

6 원문에는 라틴어 tavones로 되어 있다. 라틴어 tabanus에서 나온 단어로 보이며, 프랑스어에서는 taon이라는 단어로 변형된 것으로 추정된다.

하기도 하고 술주정뱅이에다가 많이 먹는다. 옷을 잘 입는 편은 아니고 아무렇게나 입는다. 그렇지만 싸울 때는 아주 호전적이며, 가난한 사람들에게 관대한 것으로 유명하다. 화롯불 가에 빙 둘러앉아 식탁도 없이 식사를 하고 컵 하나로 모든 사람들이 돌려 가며 마신다. 사실 이 사람들은 많이 먹고 마시며 옷은 형편없이 입고 다니고, 부끄럽게도 주인과 주인여자를 비롯하여 모든 식구들이 짚으로 된 좁은 침대 하나에서 함께 잠을 잔다.[7]

그 지역을 벗어나면 산티아고 순례길의 생장드소르드[8] 마을 근처를 지나는 2개의 강을 만난다. 하나는 마을 오른쪽으로 흐르는데 급류[9]라고 부르고, 마을 왼쪽으로 흐르는 다른 하나는 강(flumen)이라고 부른다. 이 강은 작은 배 없이는 건널 수 없다. 그 뱃사공 놈들에게 저주를! 강 폭이 좁음에도 불구하고 뱃사공들은 순례자가 부자이건 가난한 사람이건 상관없이 한 사람당 1드니에[10]를 받는 것이 관례이다. 게다가 말을 태우면 4드니에나 받는다! 배는 통나무 하나로 만들어져 있어서 너무나 비좁기 때문에 말을 태우기 어렵다. 그러므로 배에 오를 때 매우 조심스럽게 타지 않으면 강물에 빠지기 쉽다. 말

---

7 프랑스의 다른 지역, 아마도 유럽 전체적으로 보더라도 상황이 이보다 크게 좋지는 않았을 것이다.

8 생장드소르드는 오늘날 랑드(Landes) 도에 있는 소르드라베(Sorde-l'Abbaye)이다.

9 원문의 'gaver'는 프랑스 남부 지방의 급류, 혹은 물살이 빠른 개천을 나타내는 'gave'를 라틴어 식으로 표기한 것이다.

10 드니에(denier)는 중세 화폐 단위로, 로마 시대의 데나리우스(denarius)에서 유래된 단위이며, 일반적으로 'd.'로 표기한다. 이보다 큰 단위로는 수(sou, s.), 리브르(livre, l.)가 있다. 12드니에는 1수이며 20수는 1리브르이다. 리브르는 영어로 파운드(pound)라고 하는데, 이러한 이유로 오늘날에도 영국의 화폐 단위인 파운드를 L이 변형된 기호(£)로 표기한다.

을 데리고 가려면 배에 태우지 않은 채 고삐를 쥐고 가는 편이 좋다. 따라서 소수의 사람들만 타고 가야 하며 과적하면 위험해진다.

또한 뱃사공은 일단 뱃삯을 지불한 사람들을 모두 태우므로 배가 전복되어 순례자들이 물에 빠져 죽기도 한다. 그러면 뱃사공은 죽은 사람들의 시신에 손을 대서 물건을 가져가며, 사악하게도 이러한 상황에서 이익을 취한다.

그곳을 지나면 이미 시세 고개 근처에 온 것이고 바스크 지방에 도달한 것이다. 북쪽으로는 해안이 있는데 그곳에 바욘이 있다. 이 지역은 언어가 거칠고, 숲이 많으며, 산악 지형으로 이루어져 있다. 이 지역에서는 빵과 포도주를 비롯하여 건강을 위한 모든 종류의 음식이 부족하지만 그 대신 사과, 사과주, 우유가 풍부하다.

이 지역, 즉 포르드시세 근처에 오스타바라는 마을이 있는데, 그곳에는 사악한 통행세 징수인들이 있다. 그들은 틀림없이 영원토록 저주받을 것이다. 그들은 몽둥이 2-3개를 가지고 순례자들에게 다가가서 힘으로 강탈하고 부당하게 징수한다. 만약 자신들이 요구하는 금액을 지불하지 않으면 몽둥이로 여행자를 때리고, 저주를 퍼부으며 엉덩이를 걷어차서 통행세를 빼앗아간다. 이들이 살고 있는 땅은 야생 그대로여서 숲으로 덮여 있고 개간되지 않은 상태이다. 그들의 잔인한 인상과 그 인상 못지않게 교양 없는 말투 때문에 그들을 본 사람들은 겁을 집어먹게 된다. 법률과 규칙에 따르면, 그들은 상인을 제외하고는 어느 누구에게서도 세금을 걷어서는 안 되지만, 순례자를 비롯한 모든 여행자들에게서 세금을 걷는다. 관습에 따라 특정 봉사에 대해 동전 4-6개를 받아야 할 경우 그들은 그 두 배인 8-12개를 받는다.

그런 이유로 우리는 이 세금징수인들뿐만 아니라 이들로부터 징수한 돈을 받는 아라곤 왕과 여타 권력자들, 여기에 더하여 이들에 동조하는 모든 사람들, 즉 레몽 드 술(Raymond de Soule), 비비앙 데그르몽(Vivien d'Aigremont), 생미셸 자작과 그의 후손들, 앞서 말한 뱃사공들, 아르노 드 라 기뉴(Arnaud de la Guigne) 및 그의 후손들, 이들 못지않게 뱃사공들에게서 부당하게 도하 통행세를 거둬들이는 모든 영주들, 그리고 이런 사실을 다 알면서도 그들의 고해를 받아주고 영성체를 해주며 성무를 맡기기도 하고 교회에 들어오는 것을 허용하기까지 하는 사제들, 이 모든 사람들은 그들이 오랫동안 공개적인 속죄를 통해 죄를 용서받는 순간까지, 나아가 세금을 적당히 걷을 때까지 그들의 주교구에서뿐만 아니라 순례자가 참석하는 성 야고보의 성당에서도 파문당하기를 정말로 원한다. 그리고 만약 고위 성직자가 은총과 이해관계에 의해서 그들을 용서한다면, 그가 누구든 파문의 칼을 받을지어다.

반드시 알아두어야 할 점은 통행세 징수인들이 순례자에 대해서 어떠한 세금도 징수할 수 없다는 점, 그리고 뱃사공들이 승객 두 명에 대해 1오볼(obolum)[11]밖에 받을 수 없고, 말을 타고 있는 부자에게는 주화 한 닢을 받으며, 가난한 자에게는 받지 않아야 한다는 점이다. 그리고 뱃사공들은 승객과 운송용 가축 모두 여유 있게 탈 수 있을 정도로 큰 배를 가지고 있어야 한다.

11 2분의 1드니에(denier)에 해당하는 프랑스의 작은 동전으로, 아주 적은 금액을 뜻한다.

이곳 바스크 지방에서 산티아고 순례길은 포르드시세라는 높은 산에 이르게 된다. 이 산이 그런 이름을 갖게 된 이유는 에스파냐로 들어가는 문(門)[12]이기도 하고, 필요한 물품들이 한 지방에서 다른 지방으로 운송되는 곳이기 때문이기도 하다. 그 산을 넘으려면 8마일을 오르락내리락해야 한다. 사실 이 산은 너무나 높아서 하늘에 닿아 있는 듯이 보인다. 이 산을 오르는 사람은 손으로 하늘을 만질 수 있을 것 같은 착각을 하게 된다. 산 정상에서는 브르타뉴 지방의 바다와 서쪽 바다를 볼 수 있고 카스티야, 아라곤, 프랑스 등 세 지역의 경계를 볼 수 있다. 또한 산 정상에는 '샤를마뉴의 십자가'라는 장소가 있는데, 이런 이름이 붙은 것은 에스파냐로 군대를 이끌고 가던 샤를마뉴가 도끼, 손도끼, 곡괭이 등을 비롯한 여러 도구들을 가지고 이 지역을 통과하면서, 이곳에 하느님의 십자가를 처음으로 세우고 갈리시아 지방을 향해 무릎을 꿇고 하느님과 성 야고보께 기도를 올렸기 때문이다. 그러한 이유로 순례자들은 성 야고보의 땅을 향해 무릎을 꿇고 자신의 십자가를 일종의 깃발처럼 그곳에 꽂은 뒤 기도를 올리곤 한다. 그러므로 그곳에서는 천 개가 넘는 십자가를 볼 수 있다. 바로 이 때문에 이곳은 산티아고 순례길에서 첫 번째로 예배를 드리는 장소가 되었다.

에스파냐에 기독교가 전파되기 전에 불경스런 나바르인들과 바스크인들은 이 산 정상에서 산티아고로 가는 순례자들에게 강도질을 하고 당나귀를 타듯이 올라타기도 한다.[13] 그리고 마침내 순례자들을

---

12 포르드시세(Port-de-Cize)는 '시세의 문(門)'이라는 뜻이다.

13 원문의 'asinos equitare'는 위의 번역처럼 '말을 타듯이 당나귀를 탄다'는 의미이지만,

죽음에 이르게 하기도 한다. 이 산 근처 북쪽에는 발카를로스라는 계곡이 있는데, 샤를마뉴는 론세스바예스에서 자신의 군대가 몰살당한 뒤 이곳으로 피신하였다. 산티아고로 가는 순례자들 중에서 산을 오르고 싶지 않은 많은 사람들은 이 길을 이용한다.

그곳을 지나 산 정상에서 내려오면 구호소와 교회를 볼 수 있다. 이곳에는 바위가 하나 있는데, 이것은 유명한 영웅 롤랑이 칼로 세 번 내리쳐서 두 쪽을 낸 바위이다. 그 다음에 순례자는 론세스바예스에 이르게 되는데, 이곳은 과거에 마르실리우스 왕, 롤랑, 올리비에와 더불어 4만 명의 기독교도와 무슬림이 살육전을 벌인 곳이다.

이 계곡을 지나면 나바라 지방이 나온다. 이곳은 빵, 포도주, 우유, 가축 등이 풍부한 곳이다. 나바라 지방과 바스크 지방은 서로 비슷한데, 특히 먹는 것이나 옷 입는 것 그리고 말하는 것에서 그렇다. 물론 바스크인들이 나바라인들보다 피부가 희기 때문에 쉽게 알아볼 수 있다. 나바라인들은 스코틀랜드 사람들처럼 무릎까지 내려오는 짧은 검은색 옷을 입고 라바르카스(Lavarcas)라는 신발을 신는다. 그 신발은 가공되지 않아서 털이 그대로 달려 있는 가죽으로 만들며, 가죽끈으로 발을 감싸는 모양새이다. 그러므로 발바닥만 가릴 뿐 발의 나머지 부분은 맨살이 그대로 드러난다. 어두운 색 모직 망토를 입는데 팔꿈치 부분은 길게 되어 있다. 그 망토는 목 깃털 같은 것으로 끝 부분이 장식되어 있는데, 그것을 사야스[14]라고 부른다. 그들은 대체로 헐벗고, 먹고 마시는 것도 형편없다.

멜저는 강간과 같은 성적 결합을 암시하는 것으로 해석한다.

14 사야스(Sayas)는 라틴어 sagum(사굼, 짧은 망토)에서 파생된 단어이다.

나바라의 가정에서는 주인이나 하인이나, 주인마님이나 하녀나 모두 한 그릇에 음식을 섞어 놓고 먹는다. 그들은 숟가락도 사용하지 않고 손으로 집어 먹고 컵도 하나만 사용한다. 만약 그 사람들이 먹는 모습을 본다면, 하도 게걸스럽게 먹어서 개나 돼지가 아닐까 착각할 것이다. 그리고 그 사람들이 말하는 것 역시 개가 짖는 것을 연상시킨다. 그들의 언어는 야만적이다. 그 사람들 말로 하느님을 우르시아(Ursia)라고 부른다. 성모는 안드레아 마리아(Andrea Maria), 빵은 오르구이(orgui), 포도주는 아르둠(ardum), 고기는 아라구이(aragui), 생선은 아라이뉴(araign), 집은 에체아(echea), 가장은 이아오나(iaona), 여주인은 안드레아(andrea), 교회는 엘리세라(elicera), 사제는 아름다운 대지를 뜻하는 벨라테라(belaterra), 곡물은 가리(gari), 물은 우리크(uric), 왕은 에레구이아(ereguia), 성 야고보는 이아오나 돔네 자쿠에(Iaona Domne Jacue)라고 한다.

나바라인들은 다른 사람들과는 구분되는 야만스러운 족속으로서 이들의 삶은 온통 나쁜 생활방식이나 생활습관으로 가득 차 있고 얼굴색도 검은색이다. 그들은 못생겼고 방탕하며 심성이 비뚤어져 있고, 신의가 없으며 성실하지도 않고, 타락한 자들로서 색을 밝힌다. 또한 술꾼들이며 아주 폭력적이고 잔인하며 야만스럽다. 신중하지 못하고 잘못된 생각을 가지고 있으며 불경스럽고 무례하다. 무자비하고 싸우기 좋아하며 덕성이라고는 눈곱만큼도 없는 반면 악행이나 부당함에는 정통해 있다.

이들은 악독하기로는 게테족이나 사라센인들 못지않아, 모든 면에서 우리 갈리아인들에게는 해로운 사람들이다. 나바라인들과 바스크인들은 동전 한 닢만 받고서 프랑스인들을 죽일 수 있는 사람들이다. 이들 지역 중에서 비스카야와 알라바의 나바라인들은 달아오르면 남자는 여자에게 그리고 여자는 남자에게 은밀한 곳을 보여 준다. 나바라인들은 교미할 때 동물을 이용한다. 알려진 바에 따르면 나바라인들은 당나귀나 말의 엉덩이에 자물쇠를 채워서 다른 사람들이 이 동물들과 접촉할 수 없도록 만든다고 한다. 그리고 음란하게도 여자와 당나귀의 음부에 입을 맞춘다고 한다.

이러한 이유로 사려 깊은 사람들은 나바라인들을 비난한다. 그러나 이들은 성채 공격에는 미숙하지만 전장에서는 용감하고, 십일조를 성실히 납부하며, 제단에 봉헌물을 충실하게 바친다. 실제로 이들은 교회에 갈 때마다 빵, 포도주, 밀, 그 밖의 다른 것들을 하느님께 봉헌물로 바친다. 나바라인들과 바스크인들은 어느 곳에 가든지 사냥꾼처럼 뿔피리를 목에 걸고 습관적으로 아우코나(aucona)라는 창 2-3자루를 손에 들고 나간다. 그리고 집으로 돌아올 때에는 솔개처럼 휘파람 소리를 내며, 보초를 서기 위해 은밀한 장소나 은폐된 장소에 있을 때는 소리를 내지 않고 올빼미나 늑대의 울음소리를 흉내 내서 동료를 부른다.

대개 바스크인들은 스코틀랜드인들과 같은 조상의 후손이라고 하는데, 이들의 관습이나 특징은 서로 닮아 있다. 전하는 바에 따르면 율리우스 카이사르는 누비아인, 스코트인, 콘월의 겁쟁이들(Cornubiatos caudatos)[15]을 에스파냐에 보내서 세금 납부를 거부하는 에스파냐의 여러 부족들과 전쟁을 벌이도록 했다. 카이사르는 이들

15 '꼬리'라는 뜻의 caudatos는 겁쟁이를 상징한다. 중세 시대에는 영국인들을 대체로 겁쟁이로 불렀다. Vielliard, p. 31.

에게 모든 남자들을 칼로 죽이고 여자만 살려두라고 했다. 이들은 바다를 통해서 에스파냐에 상륙한 후 자신들의 배를 파괴했다. 그리고 바르셀로나에서 사라고사에 이르기까지, 그리고 바욘에서 오카산에 이르기까지 모든 지방을 칼과 불로써 파괴했다. 그러나 카스티야인들이 연합하여 이들을 몰아냈으므로 침입자들은 더 이상 진격할 수 없었다. 이들은 쫓겨서 나헤라, 팜플로나, 바욘 사이에 있는 해안 산맥, 즉 비스케와 알라바 땅 중에서 바다 쪽을 향해 있는 지역에 이르게 되었다. 이들은 그곳에 정착해서 성채를 쌓고 모든 남성을 도륙하고 그들의 부인들을 강제로 사로잡았다. 이리하여 그들과의 사이에서 낳은 아이를 후에 나바루스(Navarrus)라고 불렀는데, 이는 '정당하지 않은(non verus)', 즉 '정당하게 낳지 않은' 또는 '적자가 아닌'의 뜻으로 해석되었다. 이러한 설명 이외에 나바라인들이 자신들의 명칭을 나다베르라는 도시의 이름에서 따왔다고도 한다. 이 도시는 이들이 원래 살다가 떠나온 곳으로, 오래전에 사도이자 복음서의 저자인 마태오가 개종시킨 도시였다.

이 지역 이후에는 오카 숲을 지나 부르고스에 이르는 에스파냐 땅, 즉 카스티야와 주변 농촌지대로 들어가게 된다. 이 지방은 금과 은이 풍부한 부유한 지방이다. 그리고 이 지방에는 사료가 많아서 말들이 튼튼하며 빵, 포도주, 고기, 생선, 우유, 꿀 등이 풍부하다. 그러나 숲이 없고 사람들이 불친절하며 행실이 좋지 않다.

그 다음에는 레온을 거쳐 이라고산과 세브레로산의 계곡을 지나면 갈리시아 지방으로 들어가게 된다. 이곳의 농촌은 숲으로 둘러싸여 있고 강물이 풍부하다. 풀밭과 과수원이 넓게 펼쳐져 있으며 과실과 맑은 물이 풍부하다. 하지만 도시, 읍, 경작지 등은 발달하지 않았다. 밀빵과 포도주는 부족하고 호밀빵과 사과주, 가축과 운송용 가축, 우유, 꿀 등은 많다. 물고기는 아주 크거나 아주 작다. 금, 은, 옷감, 모피, 그 밖의 다른 물산 등이 풍부하고, 사라센의 호화스러운 보물도 많다.

갈리시아 사람들은 에스파냐의 무식한 부족들 가운데서 우리 프랑스인들과 가장 비슷한 관습을 가진 부족이다. 그러나 이들은 화를 잘 내며 트집 잡기를 좋아한다.

제8장 순례길에서 들러야 할 성유골과 성 에우트로피우스의 수난[1]

트로피무스(Trophimus)[2]

첫 번째로 생질 길을 따라 산티아고에 가는 사람들은 아를에 들러 고백자 트로피무스의 유골을 만나 봐야 한다. 성 바오로가 티모테우스에게 편지를 쓰면서 상기시킨 사람이 바로 트로피무스이며, 사도 바오로가 그를 주교로 임명하고 아를에 하느님의 말씀을 처음 전파하러 가도록 만들기도 했다.[3] 교황 조시무스[4]가 편지에 썼듯이, 이처럼 맑

---

1 제8장에서 언급된 성인들에 대한 상세한 설명은 부록의 '성인 명단' 참조.

2 소제목은 원본 필사본에는 없으나 편의상 붙인 것이며, 이 구분은 멜저의 안내서를 참조했다.

3 트로피무스에 대한 언급은 성경에도 여러 차례 나온다(티모테오에게 보낸 둘째 서간 4장 20절, 사도행전 20장 4절, 사도행전 21장 29절 등). 그러나 성경에 나오는 트로피무스는 아를의 주교였던 고백자 트로피무스와는 다른 인물로 추정된다. 고백자 트로피무스는 아를의 주교였는데, 3세기 이전에 아를에 주교가 존재했다는 증거가 없기 때문이다. 성경의 트로피무스와 아를의 주교 고백자 트로피무스를 동일 인물로 보기 시작한 것은 5세기부터였다.

4 41대 교황(재위 417-418). 그리스계 사제인 아브라함의 아들로 태어난 조시무스(Zosimus, 또는 조시모)는 417년 3월 18일에 교황 인노켄티우스 1세(Innocentius I)를 계승하여 교황으로 축성되었다. 그의 재위 기간은 하루도 조용한 날이 없을 정도로 분쟁의 연속이었다. 그는 펠라기우스주의를 강력히 반대하였다.

은 트로피무스라는 샘에서 솟아난 물이 갈리아 전체를 신앙의 강물로 적셨다. 그의 축일은 1월 1일 4일 전이다.[5]

카이사리우스(Caesarius)

또한 이곳에서는 아를에 수도원 계율을 세운 주교이자 순교자인 복자 카이사리우스의 유골이 있는 곳에도 들러야 한다. 그의 축일은 11월 1일이다.[6]

호노라투스(Honoratus)

마찬가지로 상기 도시의 묘지에서 주교 호노라투스를 찾아봐야 한다. 이 인물의 성스러운 축일은 2월 1일 17일 전이다.[7]

---

5 로마식 날짜 표기법으로, 12월 29일을 말한다. 로마에서는 음력을 사용했는데, 이에 따라 매월 1일은 달이 새로 뜨는 날로서 칼렌다이(kalendae)라고 불렀고, 상현달은 노나이(nonae), 보름달은 이두스(idus)라고 불렀다. 칼렌다이는 매달 1일로 변함이 없으나, 노나이는 5일 또는 7일(3, 5, 7, 10월)이었고, 이두스는 13일 또는 15일이었다. 이 세 날짜를 기준으로 하여 그 밖의 날짜를 거꾸로 계산해 오는 방식을 취했다. 가령 1월 2일은 1월의 상현달, 즉 노나이(1월 5일)가 되기 3일 전이다. 여기서도 12월 29일이면 '1월 새로운 달이 뜨는 날(kalendae)이 되기 4일 전'이다.

6 저자는 카이사리우스 역시 혼동하고 있다. 아를에서 만날 수 있는 아를의 주교 카이사리우스(470-542)는 일찍이 아를 주변의 수도원장이 되어 수도자들을 위한 규칙서를 썼고, 이후 아를의 주교로 선출되었다. 학식이 높아 아리우스파 이단과 싸우기도 했고, 악드(Agde) 공의회에서 공표된 최초의 갈리아 교회법 작성에도 참여했다. 이 주교의 축일은 8월 27일이며 순교하지도 않았다. 축일이 11월 1일인 카이사리우스가 있는데, 그는 시리아에서 순교했다.

7 1월 16일을 말한다.

게네시우스(Genesius)

아를의 교회는 경건하고 장대한데, 그곳에는 성스러운 순교자 게네시우스가 누워 있다. 아를 근처 론강의 두 지류 사이에 있는 트랭크타유라는 마을에는 아름답고 높은 대리석 기둥이 교회 뒤에 우뚝 서 있다. 전하는 바에 따르면, 불신자들이 게네시우스를 이 기둥에 묶고 참수했다고 한다. 오늘날에도 그 기둥에서 순교자의 붉은 핏자국을 볼 수 있다.[8] 그런데 그는 목이 잘리자마자 잘린 목을 자신의 손으로 론강에 던졌다. 그러고 나서 그 자신의 몸은 강물을 타고 호노라투스 성당까지 가서 그곳에서 영면했다. 한편 그의 목은 강물을 타고 떠내려가서 바다에 이르렀고 천사에 의해 에스파냐의 카르타헤나라는 도시로 옮겨졌다.[9] 그는 이곳에 영광스럽게 영면해 있으며, 수많은 기적을 행하고 있다. 그의 축일은 9월 1일 8일 전이다.[10]

알리스캉(Alyscamps)

그 다음 반드시 들러야 할 곳은 아를 근교의 알리스캉이라 불리는 묘지이다. 그곳에 들러 관습에 따라 죽은 이들을 위해 기도를 올리고 찬송가를 부르고 헌금을 내야 한다. 그 길이와 폭은 1마일쯤 된다. 여

---

8 이 기둥은 1806년까지 이 장소에 있었다. 이곳의 교회 이름은 '기둥의 성 게네시우스'라는 뜻의 생제네스드라콜론(Saint-Genès-de-la-Colonne)이다.

9 에스파냐의 카르타헤나에서는 성 게네시우스가 '산 히네스 데 라 하라(San Ginés de la Jara)'라는 이름으로 경배되고 있다고 한다. 그러나 이 둘이 동일 인물인지는 명확하지 않다. 다만 잘린 목이 강을 타고 카르타헤나에 이르렀다고 하는 이야기는 두 지역에서 동일한 이름의 성인이 숭배되고 있는 것을 정당화하는 과정에서 생겨난 것으로 볼 수 있다.

10 8월 25일을 말한다.

기만큼 커다란 대리석 묘지가 많은 곳은 없다.[11] 이 묘지들은 각기 다른 형식으로 만들어져 있으며 라틴어가 새겨져 있지만 읽을 수는 없다. 멀리서 볼수록 묘지 석관들의 규모를 잘 알 수 있다.

이 묘지에는 7개의 교회가 있다. 그중 한 곳에서 죽은 사람을 위한 성체성사를 하면, 혹은 속인이 사제의 충실한 미사를 받거나 성직자가 성가를 부르면, 사람들은 그곳에 누워 있는 망자들이 최후의 심판 때 신 앞에서 구원을 요청한다는 것을 확신한다. 사실 많은 순교자와 고백자가 이곳에 영면해 있다. 그렇지만 그들의 영혼은 천국의 즐거움 속에 있다. 관습에 따르면 그들에 대한 추도일은 부활절 축일 8일 후 첫 월요일이다.

에지디우스(Egidius)[12]

또한 특별한 관심을 가지고 방문해야 할 곳은 고백자이자 수도원장이었던 성 에지디우스의 유해이다. 세계에서 가장 유명하고 모든 사람들로부터 숭배를 받는 성 에지디우스는 모든 사람들로부터 경배를 받아 마땅하며, 모든 사람들로부터 간청의 기도를 받아 마땅하다. 예언자와 사도 이후에 이처럼 존경받아 마땅하고 성스럽고 영광스러우

11 이 커다란 묘지에 대해서는 두 가지 해석이 있다. 즉, 샤를마뉴의 전사들이 묻힌 곳이라는 설과 사라센과의 전투에서 죽은 기독교 병사들이 묻힌 곳이라는 설이다. 특히 후자의 경우 『기욤 도랑주(Guillaume d'Orange)』라는 연작 무훈시 중에 「알리스캉의 노래(Chanson des Aliscans)」라는 무훈시의 내용이 바로 툴루즈 백작과 병사들이 사라센인들과 전투를 벌인다는 것인데, 이러한 점으로 미루어 후자의 설명이 더 설득력 있어 보인다.

12 프랑스어로는 생 질(Saint Gilles).

며 즉각적인 도움을 준 성인은 없었다.[13] 사실 이 성인이야말로 다른 누구보다 먼저 자신에게 간청하는 불쌍한 자들, 상심한 자들, 고통에 빠진 자들에게 신속하게 도움을 주곤 했다. 그러니 그의 유해를 방문하는 것이야말로 좋은 일이며 가치 있는 일 아니겠는가! 그에게 간청하는 바로 그날 그 기도가 실현될 것이다.[14]

내가 말한 바를 나 자신도 경험한 적이 있다. 이 성인을 모시는 도시에서 어떤 사람이 성인에게 간청의 기도를 하자, 성인은 그가 페로(Peyrot)라는 구두장이의 집에서 빠져나올 수 있도록 도와주었다. 그가 빠져나온 다음에 그 낡은 집은 완전히 무너져 내렸다. 누가 그의 곁에서 가장 오랫동안 시간을 보낼 것인가? 누가 신성한 예배당에서 그를 숭배할 것인가? 누가 그를 강렬하게 포옹할 것인가? 누가 그의 제단에 입을 맞출 것인가? 그리고 누가 그의 경건한 삶을 후대에 이야기해 줄 것인가?

아픈 사람이 그의 옷을 걸치면 낫는다. 성인의 끝없는 공덕으로 뱀에 물린 사람도 치료가 된다.[15] 어떤 사람은 악마에게 사로잡혔다가 풀려나기도 했다. 바다의 폭풍우를 잠재운 적도 있다. 테오크리

---

13 기독교에서 확립되고 있던 위계 서열의 일단을 볼 수 있다. 사도 다음에 성 에지디우스가 자리한다. 예언자와 사도가 같은 서열로 취급받은 것은 예외적인 경우이다.

14 성 에지디우스가 11세기부터 가장 숭배를 받은 성인이었던 점을 고려하면, 본문의 이러한 표현을 과장이라고만 볼 수는 없다. 성 에지디우스는 특히 프랑스 남부에서 존경을 받았다. 그리하여 콤포스텔라 순례길 중에서 툴루즈 길은 '에지디우스 길(via egidiana)'이라고 불리기도 했다.

15 성 바오로의 후손들은 뱀에 물린 사람을 치료할 수 있다고 한다(사도행전 28장 3-6절 참조). 마르크 블로크, 『기적을 행하는 왕』, 박용진 옮김, 한길사, 2015, pp. 200-201.

투스(Theocritus)의 딸이 오랫동안 바라던 건강을 회복하여 아버지에게 돌아온 적도 있다. 신체 모든 부위가 아픈 사람 역시 오랫동안 열망해 온 건강을 회복했다. 야생 암사슴이 그의 명령으로 유순해져서 그의 말에 따르게 된 일도 있다. 한 수도원은 이 수도원장의 보호 아래 번창했다. 마귀 들린 사람이 풀려나기도 했다. 샤를마뉴는 예전에 천사에게 죄를 지적받았으나, 에지디우스 덕분에 하느님으로부터 경감받기도 했다.[16] 죽은 자가 살아나기도 했으며, 장애인이 건강한 사람이 되기도 했다. 사도들의 형상이 새겨진 사이프러스 나무로 된 2개의 문이 론강에서부터 배에 실려 안내자도 없이 오직 그의 은총으로 로마에 도착한 일도 있다.

성인을 숭배하기에 합당한 훌륭한 일들을 다 열거하기 전에 내가 죽는다는 사실이 유감스러울 뿐이다. 그의 공덕은 너무도 많고 위대하다. 이 그리스 출신[17]의 별과 같은 성인은 자신의 빛으로 프로방스 지방을 밝혀 주었다. 이 성인의 별빛은 그곳에서 장엄하게 꺼졌으나, 그 별이 사멸하기는 커녕 점점 더 커져서, 그 빛이 줄어들지 않고 점점 더 빛을 발했고, 소멸하지 않고 올림포스산 정상을 향해 나아갔다. 일단 빛을 발하기 시작한 후로 그 빛은 꺼지지 않았으며, 온 세상 사

16 성 에지디우스의 전기에 따르면, 샤를마뉴는 용서받지 못할 죄를 지었기 때문에 에지디우스에게 자신을 위해 기도해 줄 것을 요청했다. 며칠 뒤 천사가 내려와서 샤를마뉴가 저지른 죄의 목록을 보여 주었을 때에는 그 죄가 있었으나, 하느님이 에지디우스의 요청에 따라 죄를 사하여 주었노라고 말씀하셨다고 한다. Michel Record, *Le Guide du pelerin*, Edition du Sud, 2006, pp. 150-151. 샤를마뉴의 죄가 무엇인지 정확하지 않으나, 일설에 의하면 여동생과 근친상간의 관계를 맺었고 그 사이에서 태어난 기사가 롤랑이라고 한다. Melczer, pp. 161-162.

17 에지디우스는 그리스 아테네 출신으로 알려져 있다.

방 천지에 있는 모든 성인들보다 빛나는 별이었다.

9월 1일 일요일 밤에 이 별이 떨어졌다. 천사들의 노랫소리가 그를 가운데에 모시고 높은 왕좌로 들어 올렸다. 고트족은 수도사들과 함께 자유로운 땅, 즉 님과 론강 사이의 땅에 영예로운 묘지를 만들어 그에 대한 존경을 표시했다.[18]

커다란 황금관이 제단 뒤에 놓였고, 그 아래에 경건한 그의 유해가 안치되었다. 관의 표면 왼쪽 장식의 첫 번째 칸에는 여섯 명의 사도가 조각되어 있고 같은 칸에 성모 마리아가 정교하게 조각되어 있다. 그 두 번째 칸에는 황도(皇都) 12궁이 양, 황소, 쌍둥이, 게, 사자, 처녀, 천칭, 전갈, 궁수, 염소, 물병, 물고기의 순서로 조각되어 있고 그 가운데에 황금꽃이 포도나무처럼 뻗어 있다. 왼쪽 장식의 세 번째 칸, 즉 맨 윗칸에는 장로 스물네 명 중 열두 명의 형상이 있으며 그들의 머리 위에는 다음과 같이 적혀 있다.[19]

> 열두 장로가 두 줄로 서서 아름다운 성가대를 이룬 모습을 보라. 낭랑한 키타라[20] 연주에 맞춰 맑은 소리로 찬송가를 부르고 있다.[21]

---

18 에지디우스는 고트족의 땅에 수도원을 세우고 그곳에서 살았다. 자세한 것은 부록의 '성인 명단' 참조.

19 요한묵시록 4장 4절: "그 어좌 둘레에는 또 다른 어좌 스물네 개가 있는데, 거기에는 흰옷을 입고 머리에 금관을 쓴 원로 스물네 명이 앉아 있었습니다."

20 키타라(cithara)는 그리스 시대의 현악기로, 성경에는 '수금' 또는 '비파'로 번역되어 있다. 시편 147편 7절: "주님께 감사 노래 불러라. 우리 하느님께 비파 타며 찬미 노래 불러라."

21 이 두 구절은 요한묵시록에 근거한 것으로 보인다. 첫째 구절은 주 19에서 인용한 요한묵시록 4장 4절의 내용이며, 두 번째 구절 역시 요한묵시록 5장 8-9절의 내용을 연상시킨다. 요한묵시록 5장 8-9절: "어린양이 두루마리를 받으시자, 네 생물과

관의 표면 오른쪽 장식의 첫 번째 칸에는 7개의 형상이 있는데, 여섯은 사도의 모습이고 나머지 하나는 예수의 제자들 중 한 명이다.[22] 그리고 사도들의 머리 위에는 덕을 상징하는 여성들의 형상이 관 양쪽에 새겨져 있는데, 그것은 인자함, 부드러움, 믿음, 희망, 자비 등이다.

두 번째 칸의 오른쪽에는 포도나무 덩굴의 형상을 한 꽃 문양이 새겨져 있다. 세 번째 칸에는 왼쪽과 마찬가지로 장로 스물네 명 중 열두 명의 모습이 새겨져 있고, 그들의 머리 위에는 다음과 같이 적혀 있다.

> 이 훌륭한 토기는 보석과 금으로 장식되어 있다.
> 이 안에는 에지디우스의 유해가 안치되어 있다.
> 이것을 깨뜨리는 자는 누구든 영원히 하느님의 벌을 받게 될 것이며,
> 에지디우스와 다른 모든 사제들로부터도 벌을 받게 될 것이다.

관의 덮개는 관 위쪽 양편에 있는데, 물고기 형상으로 되어 있다.

스물네 원로가 그 앞에 엎드렸습니다. 그들은 저마다 수금과, 또 향이 가득 담긴 금 대접을 가지고 있었습니다. 향이 가득 담긴 금 대접들은 성도들의 기도입니다./그들이 새 노래를 불렀습니다. 주님께서는 두루마리를 받아 봉인을 뜯기에 합당하십니다. 주님께서 살해되시고 또 주님의 피로 모든 종족과 언어와 백성과 민족 가운데에서 사람들을 속량하시어 하느님께 바치셨기 때문입니다."

22 앞서 왼쪽에 여섯 명의 사도와 성모 마리아가 있고 오른쪽에 일곱 명의 사도가 있으므로 총 열세 명의 사도가 있는 셈이다. 열두 명의 사도는 확실하지만 이 글의 저자 역시 마지막 열세 번째 사도의 이름을 언급하고 있지는 않다. 이처럼 중세에는 흔히 한두 명의 사도가 더 추가되기도 했는데, 대개는 사도 바오로와 세례자 요한이었다. 여기에서도 그 둘 중 하나일 것이다.

그 꼭대기에는 13개의 수정이 박혀 있고 그중 어떤 것들은 바둑판무늬를 이루고 있고, 다른 것들은 사과나 석류의 모양을 하고 있다. 큰 물고기 형상을 한 커다란 수정이 하나 있는데, 숭어라는 이름이 붙어 있으며 똑바로 서서 꼬리를 위로 향하고 있다. 물병 모양의 첫 번째 수정은 대단히 크다. 그 위에는 다른 곳에서는 보기 힘든 반짝이는 황금 십자가가 있다. 관 전면의 가운데, 즉 앞면에는 하느님이 황금 원 안에 앉아 계신다. 하느님은 오른손으로 은총을 내리고 다른 손에는 책을 들고 있는데, 거기에는 이렇게 적혀 있다. "평화와 진리를 구하라." 하느님의 발꿈치, 즉 발 아래에는 황금으로 된 별이 있고, 측면에는 두 글자(당연히 알파와 오메가를 말한다)가 하나는 오른쪽에, 다른 하나는 왼쪽에 새겨져 있다. 그의 보좌 위에는 2개의 보석이 형언하기 어려울 정도로 빛을 발하고 있다.

보좌 옆, 즉 외부에는 날개를 가진 네 명의 복음서 저자들이 있다. 각각의 발밑에는 두루마리가 있고, 거기에는 차례대로 각자의 복음이 씌여 있다. 마태오는 오른쪽 위에 남자의 모습을 하고 있으며, 루카는 그 아래에 황소의 모습을 하고 있다. 요한은 왼쪽 위에 독수리의 모습을 하고 있고, 마르코는 사자의 모습으로 아래 있다.[23] 하느

---

23 본문에 설명된 것은 일반적인 4복음서 저자들의 배치와는 약간 다르다. 일반적으로 오른쪽 위에 마태오, 그 아래 마르코, 왼쪽 위에 요한, 그 아래 루카의 순서로 배치되어 있다. 복음서 저자들을 동물로 상징한 예로는 다음 구절을 참고할 수 있다.
에제키엘서 1장 4-10절: "그때 내가 바라보니, 북쪽에서 폭풍이 불어오면서, 광채로 둘러싸인 큰 구름과 번쩍거리는 불이 밀려드는데, 그 광채 한가운데에는 불 속에서 빛나는 금붙이 같은 것이 보였다. / 또 그 한가운데에서 네 생물의 형상이 나타나는데, 그들의 모습은 이러하였다. 그들은 사람의 형상과 같았다. / 저마다 얼굴이 넷이고, 날개도 저마다 넷이었다. / 다리는 곧고 발바닥은 송아지 발바닥 같았는데, 광

님의 보좌 옆에는 천사 둘이 있는데, 오른쪽 루카의 발 아래에는 케루빔(Cherubim) 천사가, 왼쪽 마르코의 발 아래에는 세라핌(Seraphim) 천사가 매우 훌륭한 기술로 조각되어 있다.[24]

모든 종류의 보석이 두 줄로 나열되어 있는데 그중 하나는 하느님이 계신 보좌를 둘러싸고 있고, 다른 하나는 관의 가장자리를 둘러싸고 있다. 그리고 3개의 보석이 합쳐져 있는데, 이는 삼위일체를 나타낸다. 이 모든 것들이 모여 하나의 장엄한 전체를 이루고 있다.

그런데 어떤 사람이 이 고백자를 너무도 숭배한 나머지, 제단 쪽에 면해 있는 관 측면에 새겨진 형상의 손톱을 금으로 장식해 놓았다. 사람들은 오늘날에도 이것을 보며 신의 영광을 찬양한다.

관의 반대편 끝, 즉 뒷면에는 주의 승천이 조각되어 있다. 첫 번째 부분에는 여섯 명의 사도가 승천하는 주를 경배하듯이 얼굴을 위

낸 구리처럼 반짝거렸다./그들의 날개 밑에는 사방으로 사람 손이 보였고, 네 생물이 다 얼굴과 날개가 따로 있었다./그들의 날개는 서로 닿아 있으면서, 나아갈 때에는 몸을 돌리지 않고 저마다 곧장 앞으로 갔다./그들의 얼굴 형상은 사람의 얼굴인데, 넷이 저마다 오른쪽은 사자의 얼굴이고 왼쪽은 황소의 얼굴이었으며 독수리의 얼굴도 있었다."

요한묵시록 4장 7절: "첫째 생물은 사자 같고 둘째 생물은 황소 같았으며, 셋째 생물은 얼굴이 사람 같고 넷째 생물은 날아가는 독수리 같았습니다."

24 고대 말기의 디오니시우스 아레오파기타(Dionysius Areopagita)는 성서에 나오는 천사들의 이름을 이용하여 구품(九品)의 천사 계보를 꾸몄다. 즉, 세라핌(熾品), 케루빔(智品), 좌품(座品), 주품(主品), 역품(力品), 능품(能品), 권품(權品), 대천사, 천사의 아홉 등급이다. 본래 '천사'는 하느님의 심부름을 하는 영적 존재들의 직명(職名)이지 그들의 본성(本性)을 가리키는 말이 아니다. 천사들의 역할은 하느님의 뜻을 전하고, 인간을 보호하고 도와주며, 인간을 위하여 하느님께 기도하고 때로는 벌을 주기도 한다. 그런데 시간이 흐르면서 착한 천사와 악한 천사(악마)의 구별이 생겼고, 개인이나 도시 또는 나라의 수호천사라는 개념이 발전하는 등 천사에 대한 구분이 생기게 되었다.

로 향한 모습이 조각되어 있다. 그들의 머리 위에는 이렇게 씌여 있다. "갈릴래아 사람들아, 왜 하늘을 쳐다보며 서 있느냐? 너희를 떠나 승천하신 저 예수님께서는, 너희가 보는 앞에서 하늘로 올라가신 모습 그대로 다시 오실 것이다."[25]

두 번째 부분에는 마찬가지로 여섯 명의 사도가 조각되어 있고, 사도들 사이에는 황금 기둥이 서 있다. 세 번째 부분에는 하느님이 황금 보좌에 서 계시며 천사 둘이 보좌 양편에, 즉 한 명은 오른쪽에, 다른 한 명은 왼쪽에 서 있다. 천사들은 사도들을 향해 손을 들어 하느님을 가리키고 있는데, 한 명은 위를 향하고 다른 한 명은 아래를 향하고 있다.

하느님의 머리 위쪽 보좌의 바깥쪽에는 예수 바로 위에서 날갯짓을 하고 있는 비둘기가 있다. 네 번째이자 가장 윗부분에는 예수가 다른 황금 보좌 위에 조각되어 있고, 그 옆에 네 명의 복음전도사들이 있다. 루카는 남쪽 아래에 황소의 모습을 하고 있으며, 마태오는 위쪽에 사람의 모습을 하고 있다. 다른 편에는 북쪽면 아래에 사자의 형상을 한 마르코가 있고, 위로는 독수리 형상을 한 요한이 있다. 비록 예수가 보좌에 앉아 있지 않고 등을 남쪽으로 하여 서 있지만, 예수의 머리는 하늘을 응시하듯이 위를 보고 있다. 그의 오른손은 위로 들어 올려져 있고, 왼손은 작은 십자가를 쥐고 있다. 그는 아버지를 향해 올라가고 있으며 아버지는 관 위에서 예수를 받아들이고 계신다.

---

25 사도행전 1장 11절.

고백자 에지디우스의 관은 위와 같이 생겼으며, 그 안에는 성스러운 유해가 영광스럽게 안치되어 있다. 그의 유해를 보유하고 있다고 주장한 헝가리 사람들은 부끄러워할 것이며, 그의 모든 유골을 가지고 있다고 헛되이 상상한 샤말리에르[26]의 수도사들은 당황할 것이다. 에지디우스의 두개골을 가지고 있다고 자랑스러워하는 생 센[27] 주민들 역시 혼란에 빠질 것이다. 코탕탱의 노르망디인들도 그의 모든 유해를 가지고 있다고 자랑하지만, 이제 부끄러워할 것이다. 왜냐하면 많은 사람들이 입증하듯이 에지디우스의 가장 성스러운 유골은 이곳에서 옮겨진 적이 없기 때문이다. 실제로 몇몇 사람들이 에지디우스의 고향에서 이 고백자의 성스러운 팔을 교묘하게 빼돌려서 바닷가로 멀리 가지고 갔지만, 어떻게 해도 그것을 가지고 떠날 수는 없었다.

많은 사람들에 의해 전해지고 있듯이, 그리고 많은 사람들에 의해 입증되었듯이, 네 명의 성인은 어떤 사람도, 어떤 수단으로도 자신들의 석관에서 옮겨진 적이 없다. 네 명이란 제배대오의 야고보, 투르의 마르티누스, 리모주의 성 레오나르두스, 그리고 고백자 에지디우스이다.[28] 전하는 바에 따르면, 한때 프랑스 왕 필리프[29]가 그의 유해

26 오루아르(Haut-Loire) 도에 있는 샤말리에르쉬르루아르(Chamalières-sur-Loire) 수도원을 말한다.

27 원문에는 Sancti Sequanici라고 되어 있는데, 이에 대해 비에야르는 이것이 Saint-Seine을 나타내지만 그러한 지명은 너무도 많아서 특정할 수 없다고 했다. Vielliard, pp. 46-47.

28 이 성인들의 유해가 안치된 장소는 모두 산티아고 순례길에 있다.

29 연대상으로 보면 프랑스 왕 필리프는 1108년에 사망한 필리프 1세를 말한다. 그런데 필리프 1세가 산티아고 순례를 했다는 기록은 없으며, 설사 필리프 왕이 순례를

를 프랑스로 가져가려고 시도했으나, 어떤 방법으로도 그 석관에서 옮길 수 없었다고 한다.

길렐무스(Guillelmus)[30]

툴루즈 길을 통해서 산티아고에 가는 사람들은 고백자 길렐무스의 유물을 방문해야 한다. 매우 성스러운 길렐무스는 지도자일 뿐만 아니라 샤를마뉴의 측근으로서 백작이었으며, 아주 용감한 기사였고 전쟁 경험이 풍부한 사람이었다. 이 성인은 자신의 용맹함만으로 님과 오랑주를 비롯한 많은 도시를 기독교화했고, 주님이 못 박힌 십자가 나무의 일부를 젤론 계곡으로 가져왔다.[31] 이 계곡은 그리스도의 고백자가 은둔 생활을 하던 곳이며 죽은 다음에 영면한 장소이다. 그의 축일은 5월 28일이다.

티베리우스(Tiberius), **모데스투스**(Modestus), **플로렌티아**(Florentia)

마찬가지로 툴루즈 길로 가는 사람들은 순교자 티베리우스, 모데스투스, 그리고 플로렌티아의 유해가 있는 곳에 들러야 한다. 이들은 디오클레티아누스 황제 시대에 기독교 신앙을 지키기 위해 온갖 고문을 당하고 순교했으며, 에로강 변에 영면해 있다. 이들의 축일은

갔다 하더라도 유물을 도둑질했다는 것은 더욱 믿기 어렵다.

30 프랑스어 표기는 기욤(Guillaume).

31 젤론은 오늘날 에로 도에 있는 지명으로, 젤론 계곡에는 길렐무스가 재정 지원을 하여 804년에 설립한 수도회가 있다. 그 자신도 806년 궁정을 떠나 이곳에서 수도사 생활을 했다. 이 수도원은 12세기경에 개축되었고 이름도 생길렘르데제르(Saint-Guilhem-le-Désert)로 바뀌었다.

11월 10일이다.

사투르니누스(Saturninus)[32]

이 길에서는 또한 성 사투르니누스를 경배해야 한다. 그는 주교이자 순교자로서 이교도에 의해 툴루즈의 카피톨[33]로 끌려가서 성난 황소에게 묶여 있다가 카피톨의 꼭대기에서 길이가 1마일이나 되는 돌계단 아래로 던져졌다. 그의 두개골은 깨졌고 뇌수는 완전히 분출되었으며, 몸통은 산산조각이 났다. 오직 그의 영혼만이 그리스도에게로 돌아갔다. 그는 툴루즈 가까운 곳에 있는 아름다운 장소에 묻혔는데, 그를 기리는 신도들이 그곳에 아주 큰 예배당을 세웠다. 이곳에서는 아우구스티누스 교회법이 준수되고 있으며, 하느님께서는 이곳에서 청원하는 자들에게 많은 은총을 내리셨다. 그의 축일은 11월 29일이다.

성녀 피데스(Sancta Fides)[34]

르퓌 길을 통해 산티아고에 가는 부르고뉴나 튜튼 사람들은 성녀 피데스의 유해를 방문해야 한다. 그녀는 처녀 순교자로서 아장의 산에서 교수형으로 머리가 잘린 뒤 그 성스러운 영혼은 천사들의 합창에 의해 비둘기가 되어 하늘로 올라갔으며 영원한 삶의 월계관으로 장식되었다. 아장의 주교 복자 카프라시우스는 박해의 광풍을 피하여

---

32 프랑스어로는 세르냉(Sernin).

33 카피톨(Capitole)은 '시청'을 말한다.

34 프랑스어로는 생트 푸아(Sainte Foy).

한 동굴로 피신했는데, 그는 거기서 순교를 무릅쓸 용기를 얻었다. 그는 축복받은 여인이 고난을 겪은 곳으로 가서, 용감히 맞서 싸움으로써 순교의 영예를 얻었다. 심지어 그는 사형집행인을 재촉하기조차 했다.

결국 처녀 순교자인 성녀 피데스의 고귀한 시신은 기독교인들에 의해 콩크라고 불리는 계곡에 묻혔다. 그 묘지 위에 장대한 예배당이 세워졌고 거기에서는 신의 영광을 위해 베네딕트의 계율이 엄격하게 준수되고 있다. 무한한 축복이 건강한 사람들뿐만 아니라 병든 사람들에게도 내려졌다. 예배당의 정문 앞에는 형언하기 어려울 정도로 아름다운 강이 흐른다. 그녀의 축일은 10월 6일이다.

마리아 막달레나(Maria Magdalena)[35]

생레오나르를 통과해서 가는 순례자들은 마땅히 마리아 막달레나에게 경배해야 한다. 시몬 레프로수스(Simon Leprosus)의 집에서 이 영광스러운 마리아가 눈물을 흘려 주님의 발을 머리채로 닦아 주었다. 그리고 껴안고 귀한 향유를 발라 주었다.

이러한 이유로 그녀는 수많은 죄를 사면받았다. 이 모든 세상을 사랑하시는 주 예수 그리스도를 그녀가 너무도 사랑했기 때문에 예수 그리스도께서 그녀의 사면자 역할을 하신 것이다. 복자 막시미누스와 함께 주께서 예루살렘에서 승천하신 뒤, 그리스도의 사도들은 주님의 다른 사도들과 함께 프로방스라는 먼 곳, 그중에서도 마르세

---

35 프랑스어로는 마리 마들렌(Marie Madeleine).

유라는 곳까지 바다를 건너 도착했다.

그 지역에서 몇 년을 은둔자로 지내다가 마침내 엑스에서 당시 그 도시의 주교였던 막시미누스에 의해 매장되었다. 그러나 오랜 세월이 지난 후에 바딜롱(Badilon)이라는 수도사가 엑스에 있던 소중한 유해를 베즐레로 옮겼고, 그리하여 오늘날에는 그곳에서 영면하고 있다. 이곳에 아주 크고 아름다운 성당과 수도원이 세워졌다. 그녀의 사랑 덕분에 죄지은 자들의 잘못이 이곳에서 사면되고 있다. 장님이 눈을 뜨고, 벙어리가 말을 하기 시작하며, 절름발이가 똑바로 걷게 되고, 마귀 들린 자는 놓여나게 되었다. 많은 신자들이 수많은 은총을 입었다. 그녀의 축일은 7월 22일이다.

레오나르두스(Leonardus)

고백자 레오나르두스의 유해가 있는 곳에도 들러야 한다. 프랑크족의 귀족 가문 태생인 그는 왕궁에서 자랐는데, 최고의 신에 대한 사랑을 위해 사악한 세계를 거부하고, 리무쟁 지방의 노블라[36]라는 곳에서 오랫동안 은둔 생활을 했다. 자주 단식을 하고 추위를 무릅쓰고 기도를 했으며 헐벗은 채로 힘든 노동을 했다. 마침내 그는 자신이 일군 자유로운 땅에서 성스러운 삶을 살다가 영면했다. 혹자는 그의 성스러운 유해를 옮길 수 없다고 말한다.

코르비니 수도사들은 자신들이 레오나르두스의 유해를 가지고

36 오늘날 성 레오나르두스의 표기는 노블라의 성 레오나르두스(St. Léonard de Noblac) 혹은 성 레오나르두스 드 노블레(St. Léonard de Noblet)이다. 그러나 과거에는 Noblac가 아니라 Noblat였던 것으로 보이며 지명도 St.-Léonard-de-Noblat라고 옛날 식으로 표기되어 있다.

있다고 주장한 것에 대해 부끄러워할 것이다.[37] 레오나르두스의 유골 중 아무리 작은 조각도, 심지어 유해의 가루조차 옮겨진 적이 없다. 다른 곳과 마찬가지로 코르비니 역시 은총과 기적을 받았다. 그러나 그들은 자신들이 유해를 가지고 있다고 착각했다. 그의 시신을 입수할 길이 없었으므로 그들은 성 레오나르두스의 유해 대신에 레오타르라는 이름의 어떤 남자의 유해를 숭배하였다. 그들에 따르면 레오타르의 유해는 은으로 만든 관에 실려서 앙주에서 왔다고 했다.[38] 그들은 심지어 그가 세례를 두 번 받기라도 했다는 듯이 사후에 이름을 바꾸기까지 했다. 그리하여 성 레오나르두스라는 이름을 그에게 부여했다. 이는 위대하고 유명한 리무쟁의 성 레오나르두스의 명성을 빌려 순례자들을 그곳으로 인도하고 헌금을 받기 위함이었다. 이 성

---

37 레오나르두스라는 이름을 가진 유명한 사람은 둘인데, 한 사람은 이 부분의 대상 인물인 노블라의 레오나르두스(리무쟁의 레오나르두스)이며, 다른 한 사람은 코르비니의 레오나르두스이다. 코르비니의 레오나르두스는 노블라의 레오나르두스보다 더 나중에(약 570년경) 사망했으므로 늦은 시기에 활동했던 것으로 보인다.

38 코르비니의 레오나르두스가 앙주 출신인지 혹은 원래 이름이 레오타르인지 확인할 길은 없다. 만약 여기에 제시된 내용이 사실이라면, 코르비니의 수도사들이 유명한 성인과 유사한 이름을 가진 자를 내세워서 레오나르두스 숭배를 모방한 것이라고 할 수 있다. 이리하여 코르비니의 레오나르두스와 노블라의 레오나르두스는 경쟁하는 처지가 되었을 것이다. 여러 가지 이유가 있었겠지만, 여기서 제시한 설명에 따르면, 진짜 유골이 노블라에 있었으므로 노블라 측이 경쟁에서 승리하게 된 것이다. 이렇게 되면 노블라의 레오나르두스의 전설 중에서 그가 행사했던 여러 가지 특징이나 기적의 능력, 특히 질병을 치료하는 능력이 코르비니의 레오나르두스의 전설에도 등장하게 된다. 결국 좀 더 유명한 성인이 가지고 있는 여러 가지 능력들이 다른 성인에게 전이된다는 것이다. 이 책의 저자가 이 두 성인을 굳이 구분하려고 한 것은 아마도 이 당시 여전히 경쟁관계에 있던 두 레오나르두스 중에서 산티아고 순례길에 있는 도시의 레오나르두스에 우위를 두려는 의도에서 비롯된 것으로 보인다. 수도원의 성유골을 둘러싼 경쟁관계에 대해서는 기어리의 『거룩한 도둑질』 제4장 참조.

인의 축일은 10월 15일이다.[39]

이들은 처음에는 리무쟁의 성 레오나르두스를 자신들 성당의 수호성인으로 지정했다. 그 후에 그 자리에 다른 사람을 앉히고, 시샘하는 노예가 그러하듯이 자신들의 주인으로부터 전통을 빼앗아 다른 사람에게 부여했다. 그들은 마치 나쁜 아버지가 딸을 적법한 배우자에게서 빼앗아 다른 사람에게 주듯이 행동했던 것이다. 시편에 나와 있듯이 "그들의 영광을 풀 먹는 소의 형상과 바꾸었다."[40] 지혜로운 사람이라면 그렇게 행동하는 사람들에게 이렇게 말할 것이다. "너의 영광을 다른 사람에게 주지 말라."[41] 이방인이든 현지인이든 성 레오나르두스의 유해를 찾아오는 독실한 자는 자신도 알지 못하는 사이에 그 자리에서 다른 성인을 발견할 것이다. 코르비니에서 기적을 행한 사람이 누구이건 포로를 해방시켜서 그곳까지 데려온 사람은 리무쟁의 성 레오나르두스이다. 비록 이제 리무쟁 교회로서는 자신들의 수호성인을 빼앗겼지만 말이다. 코르비니의 수도사들은 두 가지 잘못을 한 셈이다. 기적의 힘으로 경배자들에게 도움을 주는 성인을 인정하지 않은 것이 그 첫 번째 잘못이고, 원래 축일조차 지키지 않고 부적절하게도 축일을 다른 날짜로 옮겨 버린 것이 그 두 번째 잘못이다.

---

39 여기에 나와 있는 것은 코르비니의 레오나르두스의 축일이며, 저자가 주된 대상으로 삼고 있는 노블라의 레오나르두스의 축일은 11월 6일이다.

40 시편 106편 20절.

41 잠언 5장 9절("다른 이들에게 네 명예를 넘겨주고 네 세월을 난폭한 자에게 빼앗기며")에서 차용.

신의 자비로 리무쟁의 성 레오나르두스의 명성은 이미 이 세상 구석구석에 전파되었다. 그의 놀라운 능력은 수천 명의 포로를 감옥으로부터 해방시켰다. 수천 명의 포로는 어느 누구도 상상할 수 없을 정도로 야만스럽게 쇠사슬로 묶여 있었는데, 이 쇠사슬은 놀라운 기적을 증명하기 위해 성당 주변에, 즉 오른편과 왼편, 안과 밖 할 것 없이 걸려 있다. 그렇게도 많고 그렇게도 야만스러운 철물이 나뭇잎처럼 나무에 걸려 있는 것을 보면 표현할 수 있는 것 이상으로 충격에 빠질 것이다. 거기에는 쇠로 만든 수갑, 고리, 족쇄, 올가미, 지렛대, 투구, 낫, 그리고 그 밖의 갖가지 철물이 걸려 있는데, 이 모든 것에 묶여 있던 포로들을 그리스도의 강력한 고백이 해방시켜 주었다.

특히 놀라운 것은 그리스도가 감옥에 묶여 있는 사람들에게, 심지어 바다 건너에 있는 사람에게까지도 인간의 형상으로 나타났다는 점이다. 이는 신의 능력으로 자유롭게 된 사람들이 증언하는 바이다. 신이 예언으로 말씀하신 것은 그리스도를 통해서 반드시 성취된다. "그리스도는 어둠과 죽음의 그림자에 가운데 있는 자들뿐만 아니라 불행과 속박에 묶여 있는 자들을 해방시켜 주셨다. 그리고 사람들은 어려움에 처했을 때 그분에게 자비를 빌었고, 그분은 그들을 고통에서 해방시켜 주었다. 그분은 사람들이 악한 길로 가는 것을 막아 주었다. 그분은 구리로 된 문을 부수고 쇠로 된 빗장을 풀었다. 그리스도는 족쇄에 묶여 있는 자들 그리고 속박되어 있는 귀족들을 해방시켜 주었다."[42] 또한 종종 기독교인들이 이방인의 손에 넘겨지거나

42 시편 106편 43절: "몇 번이나 그들을 구출해 주셨건만 그들은 저희 뜻만을 좇아 거역하여 자기들의 죄악 탓으로 허물어졌다."

구속되기도 했다. 가령 보에몽[43]의 사례가 그러한 경우인데, 보에몽은 자신을 미워하는 자들의 노예가 되었다. 이와 같은 경우 기독교인들은 적들에게서 고통을 받고 굴욕을 당했다. 그렇지만 그리스도는 이들을 해방시켜 주고 어둠과 죽음의 그림자에서 벗어나게 해주며, 쇠사슬을 끊어 준다. 속박되어 있는 자들에게 그리스도는 이렇게 말한다. "이리 오라." 그리고 그림자 속에 있는 사람들에게도 이렇게 말한다. "이리 밝은 곳으로 오라." 이 성인의 축일은 11월 6일이다.

프론투스(Frontus)[44]

페리괴에서 성 레오나르두스 다음으로 방문해야 할 성유골은 성 프론투스의 것이다. 그는 주교이자 고백자로서 사도 베드로에 의해 로마에서 주교로 임명되었고, 게오르기우스라는 이름의 사제와 함께 페리괴로 파견되었다.

그들은 함께 떠났으나, 가는 도중에 게오르기우스가 사망하자 복자 프론투스는 그를 묻은 뒤 되돌아가서 사도에게 그의 죽음을 알렸다. 그러자 성 베드로는 프론투스에게 지팡이를 건네주며 이렇게 말했다. "너는 이 지팡이를 동료의 시신 위에 두고 이렇게 말하라. '사도가 너에게 부여해 준 임무를 위해 그리스도의 이름으로 일어나서

시편 107편 10절: "비참과 쇠사슬에 묶인 채 어둡고 캄캄한 곳에 앉아 있던 그들"
시편 107편 13절: "이 곤경 속에서 그들이 주님께 소리치자 난관에서 그들을 구하셨다."
시편 107편 16절: "그분께서 청동 문을 부수시고 쇠 빗장을 부러뜨리셨다."
시편 149편 8절: "저들의 임금들을 사슬로 묶으며 저들의 귀족들을 족쇄로 채워."

43 보에몽 1세로, 제1차 십자군에 참가하여 안티오크를 점령하고 제후령을 수립했다.

44 프랑스어로는 '프롱(Front)'이라고 한다.

일을 완수하라'고 말이다." 성 프론투스는 그대로 따라서 했고 사도의 지팡이의 은총으로 동료를 죽음에서 살려냈다.[45] 그리고 설교로 그 도시를 개종시켰다. 또한 그는 수많은 기적을 일으켰으며 성스러운 죽음을 맞이하여 그곳에 있는 성당에 묻혔다. 그의 이름을 딴 그 성당[46]에서는 신의 관대함으로 은총을 갈구하는 자들에게 수많은 은총이 내려졌다. 심지어 어떤 사람들은 그리스도의 사도단(Collegium Apostolicum)에 프론투스가 포함된다고까지 말했다.[47] 그의 묘소는 다른 성인들의 묘소와는 다르다. 즉, 성묘(聖墓)와 같이 원형으로 되어 있으며, 아름다움과 정교한 기술에 있어서 다른 성인들의 추종을 불허한다.[48] 이 성인의 축일은 10월 25일이다.

---

45 이 장면을 그린 부조가 11세기에는 교회 전면에 있었는데, 현재는 페리괴 박물관에 소장되어 있다.

46 페리괴의 생프롱 성당은 12세기에 동방 정교회 양식으로 지어졌다. 즉, 평면도상으로 보면 길이가 같은 열십자 형태의 십자가 모양을 하고 있으며, 각 회랑의 지붕은 돔으로 되어 있다. 이러한 양식의 성당은 서유럽에서는 흔하지 않은 것으로서 로마의 생페드로 성당과 베네치아의 산마르코 성당이 대표적이다.

47 여기서 사도는 그리스도의 열두 제자를 말한다기보다는 일흔두 명의 사도를 말하는 것일 것이다. '사도'의 뜻은 '보내진 자' 또는 '파견된 자'이다. 제자들에게 최후의 만찬을 베푸는 자리에서 예수는 이 제자들을 사제로 임명하고 모든 사람들에게 복음을 전하도록 지시하였다. 이러한 의미를 엄밀히 적용하면 사도는 예수의 열두 제자들과 바오로에 국한되어야 한다.

48 이 묘소는 1077년에 만들어졌으나, 프론투스의 유해가 안치된 것은 1463년이라고 한다. 그러나 1575년 종교전쟁기에 파괴되었다.

에보르티우스(Evortius)[49]

투르 길을 통해서 산티아고에 가는 사람들은 오를레앙의 생트크루아 교회에 있는 성 십자가와 주교이자 고백자인 성 에보르티우스의 성배(聖杯)에 경배를 드려야 한다.

어느 날 에보르티우스가 기도를 드리고 있을 때 제단 위쪽에서 하느님의 손이 인간 손의 형상으로 참석자들의 눈앞에 나타났다. 그리고 주교가 하는 모든 행동을 그 손이 따라서 했다. 그가 빵과 성배 위에 십자가 표시를 그으면 그 손도 따라서 했다. 주교가 빵과 성배를 들어 올리면 마찬가지로 신의 손도 진짜 빵과 성배를 들어 올렸다. 성사(聖事)가 끝나자 하느님의 손은 사라졌다. 이를 통하여 우리는 사제가 미사를 드릴 때마다 그리스도가 진실로 미사를 같이 드린다는 것을 알 수 있다.

이것이 성 풀겐티우스 박사가 다음과 같이 말한 이유이다. "그리스도의 몸과 피를 바치는 것은 인간이 아니라 우리를 위해 희생하신 예수 그리스도 그 자신이다."[50] 그리고 성 이시도루스 역시 다음과 같이 말했다. "선한 사람을 만드는 것은 사제가 성스럽기 때문이 아니며, 악인을 만드는 것은 악한 행동 때문이 아니다." 일반적으로 이 성배는 신도들이 원하면 그가 어느 지방 출신이든, 이방인이든 상관없이, 언제든지 생트크루아 교회에서 성체배령(聖體拜領)을 할 수 있도록 되어 있다.

이 도시에 있는 주교이자 고백자인 성 에보르티우스의 유골 역시

---

49 프랑스어로는 외베르트(Euverte).

50 Fulgentius, *De Fide ad Petrum*, cap. 19.60 (Migne, P.L., 65 : 699).

반드시 경배해야 한다.[51] 또 생삼송(Saint-Samson) 교회에 가서 최후의 만찬에 사용되었던 접시[52]를 보아야 한다.

마르티누스(Martinus)[53]

이 길[54]을 가는 사람은 루아르강 변에 있는 성 마르티누스의 유해가 있는 곳에도 들러야 한다. 그는 주교이자 고백자였다. 그는 죽은 사람 세 명을 살려냈다고 하며, 나아가 나병 환자, 귀신에 홀린 자, 정신이 상자, 미치광이, 마귀 들린 자, 그리고 그 밖에 병든 사람들에게 건강을 되찾아주었다고 한다.

그의 고귀한 유해가 안치되어 있는 석관은 투르 근교에 있는데, 금, 은과 귀금속으로 장식되어 있으며, 잦은 기적으로 광채를 발하고 있다. 이 석관 위에 거대하고 성스러운 성당이 그의 이름을 따서 세워졌는데, 이 성당은 산티아고 성당과 유사하게 놀라운 기교로 장식되어 있다. 아픈 자들이 이곳에 오면 낫게 되고, 귀신 들린 자들은 해방되며, 보지 못하는 자가 눈을 뜨고, 절름발이가 똑바로 선다. 온갖 종류의 병이 다 치료되고, 치료를 원하는 사람들은 모두 완전히 회복된다. 이곳이 그리스도의 영광으로 도처에서 좋은 평판을 받는 이유가 바로 여기에 있다. 그의 축일은 11월 11일이다.

---

51 성 에보르티우스의 유골은 시 경계선 밖에 있는 생퇴베르트(Saint-Euverte) 수도원에 보관되어 있다.

52 원문의 cultrum은 '칼(culter)'이라는 뜻이지만 비에야르는 뒤캉주(Du Cange)의 『중세라틴어용어집』에 'patella'로 나와 있는 것을 근거로 하여 프랑스어로 '접시'를 뜻하는 'patène'으로 번역했다. 영어판 편집자인 멜저는 다른 학자의 설명을 근거로 '칼(knife)'로 번역했다.

53 프랑스어로는 마르탱 드 투르(Martin de Tours).

54 '투르 길'을 말한다.

힐라리우스(Hilarius)[55]

그 다음으로 푸아티에에 있는 주교이자 고백자인 성 힐라리우스의 성스러운 유물을 찾아봐야 한다. 아리우스파[56] 이단을 척결하고 기독교 신앙의 단일성을 유지하는 방법을 우리에게 가르쳐 준 것이야말로 성 힐라리우스가 신의 은총으로 행한 많은 기적 중에서 가장 먼저 꼽을 수 있는 것이다. 그러나 이단자 레오는 성 힐라리우스의 가르침을 받아들이기를 거부하고 공의회 회의장을 나가 버렸다.[57] 그런 뒤 그는 흉측하게도 복부 통증으로 화장실에서 사망했다. 반면 성 힐라리우스가 공의회에 참석하기를 원하자, 아래에서 땅이 솟아 올라 그에게 자리를 마련해 주었다. 회의장의 자물쇠를 목소리만으로 깨부순 사람이 바로 성 힐라리우스였다. 또한 가톨릭 신앙을 위해 4년 동

---

55 프랑스어로는 일레르(Hilaire) 또는 생틸레르(Saint-Hilaire).

56 그리스도의 신성(神性)을 부인한 4세기경의 이단사상. 알렉산드리아의 사제 아리우스(Arius, 250?-336)로부터 발단하였는데, 그에 의하면 신 안에 있는 3개의 위격(位格)은 모든 면에서 대등하고 영원한 것이 아니다. 성자는 모든 피조물들과 같이 무에서 유로 창조되었을 뿐이며, 신으로 불릴 수는 있지만 그것은 단지 피조물과 신의 중계 역할을 할 뿐이다. 성자는 신이 아니라 덕을 갖춘 뛰어난 반신(半神)이다. 이러한 반(反)삼위일체주의적 아리우스파로 인해 그리스도교의 근본 교리가 해체될 위험에 처하자, 교회는 325년 니케아 공의회를 소집하여 아리우스파를 단죄하였다. 또한 니케아 신조(信條)를 발표하여, 삼위가 모두 성부(聖父)로부터 났으며 각기 그 자체로서 완전한 신이라는 삼위일체설을 고백하였다. 381년의 제1차 콘스탄티노플 공의회는 다시금 고개를 든 아리우스파를 단죄하고 니케아 신조를 재확인하였다. 그러나 아리우스의 후계자들에 의해 북부 게르만 민족들에게 전파된 아리우스파는 게르만족의 로마 진입과 더불어 로마제국 전역에 퍼졌다. 교회는 7세기에 이르러서야 아리우스파를 몰아내고 정통 교리를 회복할 수 있었다.

57 교황 레오와 성 힐라리우스가 참석한 공의회는 355년 열린 밀라노 공의회를 지칭하는 듯하다. 이 공의회에서 아타나시우스(Athanasius)는 황제 콘스탄티누스 2세가 주장한 모든 정통교리를 부정했다. 힐라리우스는 이 공의회 직전에 동방으로 유배되었으나 공의회에 돌아와서 아리우스파 척결에 앞장섰다.

안 프리지아섬[58]에 유배를 갔던 것도 바로 성 힐라리우스였다. 그는 자신의 능력으로 수많은 뱀들과 싸웠고, 푸아티에에서 조산으로 아이를 잃고 우는 산모에게 두 번 죽은 아이[59]를 되찾아 주었다.

이 경건한 성인의 성스러운 유골이 안치되어 있는 묘소는 많은 양의 금, 은과 보석으로 장식되어 있다. 그리고 그 유골이 있는 커다랗고 화려한 성당은 수많은 기적으로 높임을 받고 있다. 이 성인의 축일은 1월 13일이다.[60]

세례자 요한(Johannes Baptista)[61]

순례자라면 세례자 요한의 머리를 반드시 보아야 한다. 이 머리는 어느 사제에 의해 예루살렘에서 앙젤리라는 곳으로 옮겨졌다. 앙젤리는 푸아투에 있는데, 그곳에 성인의 이름을 딴 거대한 성당이 매우 훌륭한 기술로 세워졌다. 이곳에서는 신성한 성인의 머리가 밤낮없이 수도사 백 명의 합창과 함께 경배되며, 수많은 기적으로 명성이 자자했다. 그의 머리는 육로와 해로를 통해 운송되는 도중에 이미 수없이 많은 기적을 보였다. 바다에서는 수많은 해상의 위험을 물리쳤고, 육지에서는 유해 이송에 관한 서책이 보여 주듯이 죽은 자들을 수도 없이 살려냈다. 이러한 기적이야말로 이 머리가 진짜 세례자 요

58 원문에 Frisia insula로 되어 있으나 Phrygia가 맞다. 프리지아는 소아시아 중부지방을 가리키는데, 성 힐라리우스는 356년 프리지아 지방으로 추방되었다. 그러므로 저자가 잘못 쓴 것으로 보인다. 게다가 프리지아는 섬이라고 할 수 없다. 이 지명에 관한 한 저자가 크게 잘못 알고 있는 것 같다.

59 세례 받기 전에 죽은 아이를 말한다. 세례를 받기 전에 죽는 것은 정신과 육체 모두 죽는 것과 같기 때문이다.

60 이 축일은 오늘날 1월 14일로 옮겨졌다.

61 프랑스어로는 생 장 바티스트(Saint Jean Baptiste).

한의 머리라고 사람들이 믿는 이유이다. 세례자 요한의 머리가 발견된 것은 황제 마르키아누스(Marcianus)[62] 치세 2월 24일이었다.[63] 그날 그의 머리가 감춰졌던 곳에서 세례자 요한이 처음으로 두 수도사 앞에 나타났다.

에우트로피우스(Eutropius)[64]

산티아고 순례 도중에 순례자는 생트에 안치되어 있는 주교이자 순교자인 성 에우트로피우스의 유해가 있는 곳에 들러야 한다. 그의 수난은 동료이자 파리 주교인 성 디오니시우스가 그리스어로 기록했으며, 교황 클레멘스의 주선으로 그리스에 계신 그의 부모님께 전해졌다. 당시 그분들은 이미 기독교를 믿고 있었다. 언젠가 나는 콘스탄티노폴리스의 그리스어 학교에서 이분의 수난기를 본 적이 있다. 그것은 많은 성스러운 순교자의 수난기와 관련된 어떤 서책에 기록되어 있었고, 주 예수 그리스도의 영광과 그 영광스러운 순교자 에우트로피우스의 영광을 위해 나는 최선을 다해 그리스어로 된 그 기록을 라틴어로 번역했다. 그것은 다음과 같이 시작한다.

> 그리스 혈통으로서 프랑크족의 주교가 된 디오니시우스가 가장 공경할 만한 교황 클레멘스에게 그리스도의 이름으로 인사드립니다. 저는 당신께 이렇게 알려드립니다. 당신이 그리스도의 이름을 전파하라고

---

62 동로마제국 황제(재위 450-457).

63 세례자 요한의 축일은 다양하다. 본문에서 언급한 2월 24일이기도 하고, 탄생 대축일은 6월 24일이며, 수난 기념일은 8월 29일이다.

64 프랑스어로는 외트로프(Eutrope).

저와 함께 보냈던 에우트로피우스가 생트에서 기독교 신앙을 지키다가 이교도의 손으로 순교의 관을 썼습니다. 이러한 이유로 당신의 부성애에 공손하게 청하노니 그의 고난에 관한 이 문서를 가능한 한 빨리 그리스, 특히 아테네에 있는 나의 친척과 지인 그리고 신실한 친구들에게 보내주시기를 바랍니다. 그리하여 오래전에 나와 함께 성 바오로에게서 씻김을 받음으로써 새로운 세상을 얻었던[65] 그들과 다른 사람들이 이 영광스런 순교자가 기독교 신앙을 위해 잔인한 죽음을 받아들였음을 알고, 그들 역시 그리스도의 이름을 위해 시련과 고통을 기꺼이 감내할 수 있기를 바랍니다. 혹시라도 이교도의 광포함이 그들을 순교로 이끈다고 하더라도 꾹 참고 그리스도를 부정하지 않고 따를 수 있기를 바랍니다. 그리스도 안에서 경건하게 살기를 바라는 모든 사람들은 불경스런 사람들과 이단자들의 비난을 감내해야 하며, 미친 사람이나 정신이상자 취급을 받아야 합니다. 왜냐하면 우리가 하느님의 나라로 들어가는 데에는 수많은 고통이 따르기 때문입니다.

몸은 떨어져 있으나
열망과 정신은 가까이 있습니다.
이제 안녕히 계시라는 말씀을 드립니다.
또한 당신과 함께 영원하기를.

---

65 "씻김을 받음으로써 새로운 세상을 얻었던(nove regenerationis lavacrum)"이란 세례를 통해 새로운 생활을 시작했다는 뜻이다. 다음의 성경 구절을 참조하라. 티토에게 보낸 서간 3장 5절: "하느님께서 우리를 구원해 주셨습니다. 우리가 한 의로운 일 때문이 아니라 당신 자비에 따라, 성령을 통하여 **거듭나고 새로워지도록 물로 씻어 구원하신 것입니다.**"

여기서부터 생트의 주교이자 순교자이신 성 에우트로피우스의 고난 이야기가 시작된다

그리스도의 영광스런 순교자이자 생트의 친절한 주교이신 에우트로피우스는 페르시아의 귀족 가문 출신으로 세상에서 가장 고귀한 가문의 후손이다. 그는 바빌론의 태수인 크세르크세스와 구이바 왕비 사이에서 태어났다.[66] 어느 누구도 이처럼 높은 가문 출신이 아니며, 어느 누구도 개종 이후 신앙에 있어서나 생활에 있어서나 이처럼 겸허하게 산 사람은 없다. 그는 아주 어렸을 때 칼데아어와 그리스어를 배웠으며 지식에 있어서나 호기심에 있어서 왕국의 대학자들과 어깨를 나란히 했다. 그는 갈릴래아 헤로데 왕의 궁전에 가서 이상하고 신기한 것들이 있는지 보고 싶어 했다. 이 궁전에서 며칠 머무르는 동안 구세주[67]의 기적에 관한 명성을 듣고서 이 도시 저 도시를 찾아 다녔다. 이때 구세주는 기적을 쫓는 수많은 군중과 함께 갈릴래아 바다를 건너 티베리아스라는 곳으로 갔고 에우트로피우스도 기적을 쫓아서 그를 따라갔다.

마침내 신의 은총이 임하여 어느 날 구세주는 형언할 수 없는 관

66 근거가 희박한 주장으로 생각된다. 크세르크세스(Xerxes)라는 이름을 가진 사람으로서 에우트로피우스 시대와 일치하는 사람은 없으며, 구이바(Guiva) 왕비에 대해서도 자료를 찾을 수 없었다. 비에야르나 멜저 역시 여기에 해당하는 인물을 찾을 수 없다고 했다.

67 원문의 표현인 Salvator를 그대로 번역한 것이다. 저자는 성 에우트로피우스의 수난 이야기를 쓸 때만 '구세주'라는 표현을 썼는데, 이에 대해서는 두 가지 추측이 가능하다. 먼저, 에우트로피우스가 그리스도를 세상을 구원할 자로 여겼음을 강조하기 위한 것일 수 있다. 다른 한편으로는 이 이야기가 원래 다른 곳에 실려 있었는데, 그 내용을 옮겨 적는 과정에서 그대로 옮겨 적었을 가능성도 있다.

대함으로 빵 다섯 조각과 물고기 두 마리로 곁에 있던 5천 명을 배부르게 하였다.[68] 젊은 에우트로피우스는 이러한 기적을 보고 구세주가 일으킨 다른 기적들에 대해 들었으며 이미 신에 대한 믿음을 어느 정도 갖고 있었으므로, 구세주에게 말을 하고 싶었지만 감히 그러지 못했다. 왜냐하면 태수인 아버지가 니카노르(Nicanor)에게 교육을 일임했는데, 스승 니카노르가 꾸지람을 할까 봐 두려웠기 때문이었다. 그리하여 그는 신의 은총이 내린 빵을 먹고 신전에서 이교도 방식[69]으로 조물주에게 경배를 드린 뒤 아버지의 집으로 돌아왔다.

그리고 그는 자신이 방문했던 지방에서 주의 깊게 본 것을 아버지에게 다음과 같이 말했다. "그리스도(Xpistus)[70]라고 불리는 사람을 봤습니다. 세상 어느 곳에서도 그분과 같은 사람을 본 적이 없습니다. 그분은 죽은 사람에게 생명을 주었고 나병 환자를 치료해 주었으며, 듣지 못하는 자에게 청력을 주었고 모든 아픈 사람들에게 건강을 되찾아 주었습니다. 더 이상 무슨 말이 필요하겠습니까? 그분은 내 눈 앞에서 빵 다섯 조각과 물고기 두 마리로 5천 명을 먹였습니다. 그리

---

68 요한 복음서 6장 9-11절: "'여기 보리 빵 다섯 개와 물고기 두 마리를 가진 아이가 있습니다만, 저렇게 많은 사람에게 이것이 무슨 소용이 있겠습니까?'/그러자 예수님께서 '사람들을 자리 잡게 하여라.' 하고 이르셨다. 그곳에는 풀이 많았다. 그리하여 사람들이 자리를 잡았는데, 장정만도 그 수가 오천 명쯤 되었다./예수님께서는 빵을 손에 들고 감사를 드리신 다음, 자리를 잡은 이들에게 나누어 주셨다. 물고기도 그렇게 하시어 사람들이 원하는 대로 주셨다."

69 '조물주'라는 언급으로 보아 유대교 방식일 것으로 생각된다.

70 Xpistus는 비에야르의 표기인데, 이것은 그리스어 χριστός를 라틴어로 표기한 것으로 보인다. 헤르베르스 등의 편집본에는 Christus로 되어 있다. Klaus Herbers and Manuel Santos Noia, *Liber sancti Jacobi: Codex Calixtinus*, Santiago de Compostela: Xunta de Galicia, 1998, p. 247.

고 그분의 제자들은 남은 것을 가지고 12개의 바구니를 채웠습니다.[71] 그들이 사는 곳에서 배고픔과 폭풍우와 죽음이 사라졌습니다. 만약 하늘과 땅의 조물주께서 그를 우리 땅으로 보내셨다면, 아버지도 그분께 영광을 바칠 수 있었을 텐데!" 어린 자식에게서 이 말을 비롯하여 다른 비슷한 말을 들은 태수는 경청하고 있다가 어떻게 하면 그를 만날 수 있는지 물어보았다. 잠시 뒤 어린아이는 다시 한번 하느님을 만나려고 예루살렘으로 가서 신전에서 예배를 드렸다. 그의 아버지인 태수는 자식의 안전을 걱정하여 군사령관 바라다크(Warradac), 왕의 비서이자 스승인 니카노르, 그리고 다른 많은 귀족들이 함께 가도록 했다.

어느 날 그는 신전에서 돌아오는 길에 베타니아에서 라자로를 살려내고[72] 막 돌아오신 주님을 보았다. 또한 수많은 사람들이 예루살

---

71 요한 복음서 6장 12-14절: "그들이 배불리 먹은 다음에 예수님께서는 제자들에게, '버려지는 것이 없도록 남은 조각을 모아라.'하고 말씀하셨다. / 그래서 그들이 모았더니, 사람들이 보리 빵 다섯 개를 먹고 남긴 조각으로 열두 광주리가 가득 찼다. / 사람들은 예수님께서 일으키신 표징을 보고, '이분은 정말 세상에 오시기로 되어 있는 그 예언자시다.' 하고 말하였다."

72 요한 복음서 11장 38-44절: "예수님께서는 다시 속이 북받치시어 무덤으로 가셨다. 무덤은 동굴인데 그 입구에 돌이 놓여 있었다. / 예수님께서 '돌을 치워라.' 하시니, 죽은 사람의 누이 마르타가 '주님, 죽은 지 나흘이나 되어 벌써 냄새가 납니다.' 하였다. / 예수님께서 마르타에게 말씀하셨다. '네가 믿으면 하느님의 영광을 보리라고 내가 말하지 않았느냐?' / 그러자 사람들이 돌을 치웠다. 예수님께서는 하늘을 우러러보시며 말씀하셨다. '아버지, 제 말씀을 들어 주셨으니 아버지께 감사드립니다. / 아버지께서 언제나 제 말씀을 들어 주신다는 것을 저는 알고 있습니다. 그러나 이렇게 말씀드린 것은, 여기 둘러선 군중이 아버지께서 저를 보내셨다는 것을 믿게 하려는 것입니다.' / 예수님께서는 이렇게 말씀하시고 나서 큰 소리로 외치셨다. '라자로야, 이리 나와라.' / 그러자 죽었던 이가 손과 발은 천으로 감기고 얼굴은 수건으로 감싸인 채 나왔다. 예수님께서 사람들에게, '그를 풀어 주어 걸어가게 하여라.' 하고 말씀

렘 성문에 있는 주님 앞으로 몰려드는 것을 보았다. 히브리족 소년과 다른 많은 족속의 사람들이 주님에게 몰려와서 꽃과 종려나무 가지, 올리브나무 가지와 다른 나뭇가지를 주님이 가시는 길에 뿌리며 이렇게 외쳤다. "다윗의 자손께 호산나."[73] 에우트로피우스는 말할 수 없는 기쁨을 느껴서, 주님 앞에 꽃을 던졌다. 그때 어떤 사람이 나흘 전에 주님이 라자로를 살려냈다고 말해 주자 그는 더욱 기쁨을 느꼈다. 그러나 사람들이 너무도 많아 주님을 제대로 볼 수 없어서 그는 매우 슬퍼했다.

요한이 복음서에서 증언하고 있듯이 "주님을 경배하기 위해 찾아온 사람들 중 몇몇은 그리스 사람들이었다. 이들은 벳사이다에서 온 필립보에게 '우리는 예수를 만나고 싶습니다'라고 말했다. 그러자 필립보는 안드레아와 함께 예수에게 이 말을 전했다."[74] 곧이어 복자 에우트로피우스와 그의 동료들이 예수를 면전에서 보게 되었다. 그리하여 이들은 너무나도 기뻐하며 비밀리에 주님을 믿게 되었다. 마침내 그는 주님을 완전히 믿게 되었으나 그를 보호하여 다시 데려오도록 아버지의 명령을 받은 일행들에게서 비난을 받을까 걱정이 되었다.

그때 그는 유대인들이 머지않아 구세주를 죽일 것이라는 이야기를 들었다. 이처럼 위대한 인물이 죽어서는 안 된다고 생각한 그는

하셨다."

73 요한 복음서 12장 12-13절: "이튿날, 축제를 지내러 온 많은 군중이 예수님께서 예루살렘에 오신다는 말을 듣고서,/종려나무 가지를 들고 그분을 맞으러 나가 이렇게 외쳤다. '호산나! 주님의 이름으로 오시는 분은 복되시어라. 이스라엘의 임금님은 복되시어라.'"

74 요한 복음서 12장 20-22절.

다음날 예루살렘을 떠났다. 아버지에게 돌아온 그는 구세주와 관련하여 예루살렘에서 목격한 모든 일들을 자기 고장의 사람들에게 조리 있게 말해 주었다. 그러고 나서 바빌로니아에 잠시 머무른 다음, 45일이 지났을 때 구세주에게 완전히 헌신하겠다고 생각하고 구세주가 여전히 육신을 가진 채 계신다고 믿고서, 시종 한 명을 데리고 다시 예루살렘으로 갔다. 그렇지만 이 사실을 아버지에게 알리지는 않았다. 그러나 머지않아 그는 자신이 몰래 흠모하고 있던 주님이 유대인들에 의해 십자가에 못 박혀 죽임을 당하셨음을 알고 몹시 괴로워했다. 그러나 주님이 죽은 자 가운데서 부활하여 사도들 앞에 나타나셨으며 하늘나라로 올라가셨다는 말을 듣고서 다시 기뻐했다.

마침내 성령강림대축일[75]에 주님의 사도를 만나 어떻게 해서 그들에게 성령의 은총이 불꽃의 형상으로 내렸는지, 어떻게 그들의 마음을 충만하게 하고 모든 말씀을 가르쳐 주었는지에 대해 들었다.[76] 그는 성령으로 충만하여 그리스도에 대한 사랑을 불태우며 바빌론으

---

75 성령강림대축일(Pentecost)은 그리스어로 50번째를 뜻하는 πεντηκοστή에서 유래한 축일로, 오순절(伍旬節)로 알려져 있다. 이 축일은 예수 부활 후 50일째 되는 날 성령이 사도들에게 강림한 것을 기념하는 축일이다. 신명기 16장 9-10절에는 다음과 같이 기록되어 있다. "너희는 일곱 주간을 세는데, 수확할 곡식에 낫을 대는 날부터 시작하여 일곱 주간을 세어야 한다./그런 다음에 주 너희 하느님께서 너희에게 복을 내려 주시는 대로, 너희가 바칠 자원 제물을 들고 와서, 주 너희 하느님을 위하여 주간절 축제를 지내야 한다."

76 사도행전 2장 1-4절: "오순절이 되었을 때 그들은 모두 한자리에 모여 있었다./그런데 갑자기 하늘에서 거센 바람이 부는 듯한 소리가 나더니, 그들이 앉아 있는 온 집 안을 가득 채웠다./그리고 불꽃 모양의 혀들이 나타나 갈라지면서 각 사람 위에 내려앉았다./그러자 그들은 모두 성령으로 가득 차, 성령께서 표현의 능력을 주시는 대로 다른 언어들로 말하기 시작하였다."

로 돌아왔다. 그는 그리스도를 죽음으로 몰아넣음으로써 예루살렘에 저주를 퍼부은 유대인들을 떠올리며 그곳에 있는 유대인을 칼로 찔러 죽였다.[77] 그로부터 얼마 후 사도들이 세상의 여러 지역으로 퍼져 나갔을 때 신의 축복으로 신앙의 불꽃 2개가 뻗어 나갔다. 즉, 주님의 사도인 시몬과 타대오가 페르시아로 왔다.[78] 이들이 바빌론으로 왔을 때는 주술사인 자로엔과 아르팍사트가 헛된 말과 마술로 사람들을 진정한 신앙으로부터 멀어지게 하고 있을 때였다. 시몬과 타대오는 여러 가지 기적을 행함으로써 이들을 몰아내고 영원한 생명의 씨앗을 퍼뜨렸다.

성스러운 아이였던 에우트로피우스는 그들의 방문을 기뻐하며, 바빌로니아의 왕에게 자기 족속들의 미신과 우상을 버리고 기독교 신앙에 경배를 드림으로써 하늘의 왕국을 얻으라고 설득했다. 더 이상 말해 무엇하랴? 얼마 뒤 사도들의 예언대로 왕과 그의 아들 그리고 다른 많은 바빌로니아 시민들은 두 사도들이 집전한 세례의 축복

77 반(反)유대주의의 뿌리가 깊음과 함께, 그러한 반대유대주의는 예수의 죽음이 유대인들의 책임이라는 생각에 근거하고 있음을 알 수 있다.

78 여기 등장하는 시몬은 가나안 출신의 시몬으로서 시몬 베드로와는 다른 사람이다. 복음서에 따르면 시몬은 사도인 야고보와 유다 및 요셉의 형제라고 기록되어 있다(마태오 복음서 13장 55절, 마르코 복음서 6장 3절). 유대민족의 해방을 위해 싸운 혁명당(革命黨, Zealot, 열심당) 구성원이었다. 그는 이집트에서 설교하였고, 성 유다 타대오와 함께 시리아와 메소포타미아에서 복음을 선포했으며, 페르시아로 갔다가 그곳에서 함께 순교했다고 전한다. 어떻게 순교했는지는 분명하게 알려져 있지는 않으나, 십자가형을 받았다고 하기도 하고, 톱으로 몸이 반으로 잘려 순교했다고도 한다. 그래서 그리스도교 회화에서는 시몬을 톱을 쥐고 있는 모습으로 묘사하고 있다. 성 유다 타대오는 예수를 배반한 가리옷의 유다와는 다른 사람으로서 소(小)야고보의 형제이다.

을 받음으로써 다시 태어났다. 마침내 도시 전체가 주님의 신앙으로 개종하고 사도들은 교회와 제도를 세웠다. 게다가 사도들은 자기들이 예루살렘에서 가져온 복음의 교리를 완전히 체득하고 있던 압디아스(Abdias)를 이 기독교인들의 주교로, 에우트로피우스를 부주교로 임명했다. 그렇게 하고 나서야 사도들은 하느님의 말씀을 전하기 위해 다른 도시로 떠났다. 며칠 지나지 않아 그 사도들은 순교함으로써 현세의 삶을 마감했다. 복자 에우트로피우스는 칼데아와 그리스에서 그 사도들의 수난을 기리는 의식을 거행했다. 이때 사도들의 우두머리로서 로마에서 사도직을 수행하고 있던 성 베드로의 기적과 공덕을 들은 에우트로피우스는 모든 직책을 버리고 주교의 동의를 받아 아버지 몰래 로마로 갔다. 그곳에서 그는 성 베드로의 환대 속에서 주님의 계율에 대해 가르침을 받았다. 베드로와 얼마간 함께 머물다가 베드로의 지시와 충고에 따라 다른 형제들[79]과 함께 갈리아로 떠났다. 그리하여 그는 생트라는 도시에 이르렀다. 그 도시의 모든 부분은 높은 탑들이 솟아 있는 오래된 성벽으로 둘러싸여 있어서 방어가 잘 되어 있었다. 또한 좋은 위치에 넓게 자리잡고 있어서, 넓은 평원과 맑은 샘물 그리고 도시를 가로지르는 강이 있었다. 주변 지역에는 비옥한 채마밭, 과수원, 포도원이 있어서 물산도 풍부했다. 그리고 공기는 건강에 좋았고 광장과 도로는 어느 모로 보더라도 매력적이고 쾌적했다. 열렬한 사도 에우트로피우스는 신께서 이 아름답고 훌륭한 도시를 이교와 우상숭배로부터 구해서 기독교 신앙을 믿도록 하

79 혈연관계의 형제가 아니라 기독교에서 같은 남자 신도를 일컫는 말이다.

신 것이라고 생각했다.

그리하여 그는 광장과 거리를 돌아다니며 하느님의 말씀을 열심히 설교했다. 그러나 시민들은 그가 이방인이며[80] 자신들이 이미 버린 적이 있었던 성 삼위일체와 세례에 관한 말씀을 설교한다는 것을 알자마자 흥분하여 에우트로피우스에게 화상을 입히고 몽둥이로 때려 도시에서 쫓아버렸다. 그러나 이 성스러운 인간은 이러한 박해를 굳건하게 참아냈다. 그는 가까운 언덕에 나무로 오두막을 짓고 그 도시에 오랫동안 머물렀다. 그는 낮에는 시내에 가서 설교를 하고 밤에는 오두막으로 돌아와서 밤새 기도를 하고 눈물을 흘렸다. 상당한 시간이 흘렀음에도 기독교로 개종한 사람은 소수에 불과했다. 그는 주님의 계율을 되새겼다. "누구든지 너희를 받아들이지 않고 너희 말도 듣지 않거든, 그 집이나 그 고을을 떠날 때에 너희 발의 먼지를 털어버려라."[81]

그리하여 그는 로마로 다시 갔다. 그런데 그 사이 성 베드로는 십자가에서 순교했다. 에우트로피우스는 그 당시 교황이던 성 클레멘스에게서 생트로 돌아가서 주님의 말씀을 전하고 순교의 왕관을 기다리라고 명을 받았다. 마침내 에우트로피우스는 교황에게서 직접 주교 서임을 받고 그리스에서 로마로 온 성 디오니시우스를 비롯한 다른 수도사들과 함께 설교를 위해 프랑스로 떠나 오세르에 이르렀다. 그곳에서 신앙의 애정으로 포옹을 하고 울면서 헤어졌다. 디오니시우스는 동료들과 함께 파리로 갔고 에우트로피우스는 순교할 각오

80 포교에 있어서 교리보다 이방인 혐오가 더 큰 걸림돌이었음을 보여 준다.
81 마태오 복음서 10장 14절.

로 생트로 되돌아왔다. 에우트로피우스는 그리스도에 대한 열망으로 가득 차서 스스로 이렇게 다독였다. "주님이 나를 도와주실 것이다. 사람들이 나에게 어떤 짓을 할지 두렵지 않다.[82] 박해자들이 육신을 죽인다고 하더라도 정신을 죽일 수는 없나니,[83] 인간은 자신의 영혼의 안위를 위해서는 가죽과 그가 가진 모든 것까지도 바쳐야 한다.[84]"

그리하여 그는 용감하게 그 도시로 들어가서 정신 나간 사람처럼 때를 가리지 않고 신앙을 전파했다. 그는 모든 사람들에게 그리스도의 강생(降生, incarnatio)과 수난, 부활, 승천, 그리고 그분이 인간의 안위를 위해 겪었던 모든 것을 가르쳐 주었다. 그리고 그는 물과 성령에 의해 다시 태어나지 않고서는 하느님의 왕국에 들어갈 수 없다고 모든 사람 앞에서 선언했다. 그러나 밤에는 예전과 마찬가지로 오두막으로 돌아갔다. 그가 설교를 함으로써 하늘에서 신의 은총이 내려와 시내의 수많은 이교도들이 그에게서 세례를 받았다. 이러한 사람들 중에는 그 지방 왕의 딸인 에우스텔라(Eustella)가 있었다. 그녀도 세례를 받아 거듭난 사람이었다. 이 사실을 안 그녀의 아버지는 그녀에게 저주를 내리고 도시 밖으로 내쫓았다. 그녀는 자신이 쫓겨난 것이 그리스도에 대한 사랑 때문이라고 여기고 성 에우트로피우스의 오두막 옆에 거처를 마련했다. 그러나 그녀의 아버지는 딸에 대한 사

---

82 시편 118편 6절(불가타 성경 시편 117편 6절): "주님은 내 편이시므로, 나는 두렵지 않다. 사람이 나에게 무슨 해를 끼칠 수 있으랴?"

83 마태오 복음서 10장 28절: "그리고 몸은 죽일지라도 영혼은 죽이지 못하는 이를 두려워하지 말고, 영혼도 몸도 둘 다 지옥에 던져서 멸망시킬 수 있는 분을 두려워하여라."

84 욥기 2장 4절: "이에 사탄이 주님께 대답하였다. '가죽은 가죽으로! 사람이란 제 목숨을 위하여 자기의 모든 소유를 내놓기 마련입니다.'"

랑이 다시 샘솟아 여러 차례 심부름꾼을 보내서 집으로 돌아오라고 했다. 그러나 에우스텔라는 시내로 되돌아가서 우상숭배를 하는 것보다 도시 밖에 남아 그리스도에 대한 신앙을 지키겠노라고 답했다. 그러자 격노한 그녀의 아버지는 도시의 도살업자 150명가량을 불러서 성 에우트로피우스를 죽이고 자신의 어린 딸을 데려오라고 명령했다. 4월 30일 이 도살업자들은 다른 이교도들과 함께 오두막으로 가서 성 에우트로피우스에게 돌을 던지고 발가벗겨서 쇠로 만든 몽둥이와 채찍으로 때렸다. 그리고 마침내 도끼로 성인의 머리를 산산조각 내서 죽였다.

한편 젊은 에우스텔라는 몇몇 기독교인의 도움을 받아서 밤에 성인을 그의 오두막에 묻고, 평생 동안 기도를 드리고 불을 밝히며 성인의 묘소를 돌봤다. 그리고 이 성녀는 자신이 죽고 나면 자기 소유의 땅에 그의 주인의 무덤과 함께 묻어 달라고 했다. 나중에 기독교인들은 성 에우트로피우스의 공덕을 기려 그의 성스러운 무덤 위에 훌륭한 기술로 커다란 성당을 지어서 불가분의 성 삼위일체의 이름으로 봉헌했다. 이 성당에 찾아온 사람들 중에는 병에 걸린 사람들이 낫기도 하고 다리를 저는 사람이 똑바로 걷게 되기도 했으며, 보지 못하는 자가 시력을 되찾고 듣지 못하는 자가 청력을 회복하기도 했다. 귀신 들린 사람이 풀려나기도 했으며, 진실한 마음을 갖고자 하는 이들은 모두 그렇게 되었다. 그곳에는 성 에우트로피우스가 사람들에게서 풀어준 쇠사슬, 수갑 그리고 쇠로 만든 모든 도구들이 걸려 있다. 부디 그의 공덕과 기도로써 신이 우리를 용서해 주시고, 우리의 죄를 씻어 주시며, 우리에게 덕성을 다시 부여해 주시고, 우리의 삶을 이끌어 주시며, 죽음이라는 위험한 순간에 지옥의 심연을 피하게 해

주시고, 최후의 심판 때에 영원한 심판의 분노를 우리를 위해 달래 주시고, 세상의 종말까지 성부와 성자와 더불어 하느님 안에서 통치하고 계신 우리 주 예수 그리스도의 도움으로 우리를 높은 하늘의 왕국으로 인도해 주시기를. 아멘.

로마누스(Romanus)[85]와 롤랑(Roland)

그 다음으로는 바닷가에 있는 블레에서 성 로마누스에게 가호를 빌어야 한다. 그에게 봉헌된 교회에 순교자 롤랑의 유해가 안치되어 있다. 롤랑은 귀족 가문 출신으로서 샤를마뉴 왕의 백작이었으며, 샤를마뉴의 열두 전사 중 한 사람이었다. 신앙의 열망에 이끌려 그는 이교도들을 물리치기 위해 에스파냐로 진격했다. 전하는 바에 따르면, 그는 힘이 대단해서 론세스바예스에서 바위를 검으로 세 번 내리쳐서 위에서 아래로 갈라놓았다. 그리고 그가 뿔나팔을 불면 부는 힘으로 뿔나팔이 두 동강 났다고도 한다. 상아로 만든 이 뿔나팔은 깨진 채로 보르도의 생쇠랭 교회에 보관되어 있으며,[86] 론세스바예스의 바위 위에는 교회가 세워졌다.[87] 수많은 전투에서 왕들과 족속들을 몰아낸 다음, 롤랑은 배고픔과 추위, 혹은 더위 때문에 지쳤고, 거센 타격으로 충격을 받기도 했으며, 신에 대한 사랑을 놓치지 않으려고 채

85 프랑스어로는 로맹(Romain).

86 「롤랑의 노래」에 따르면 샤를마뉴가 롤랑의 뿔나팔을 생쇠랭 교회 제단에 안치했다고 나온다. 그러나 다른 판본에는 샤를마뉴가 롤랑을 블레에 묻었는데, 머리에는 검을 놓고 발끝에는 뿔나팔을 놓았다고 되어 있다. 이러한 두 가지 판본을 종합해 보면 누군가 블레에 있던 뿔나팔을 보르도로 가져왔을 것으로 추측할 수 있다.

87 론세스바예스에 교회가 세워진 것은 1130-1150년경이다. Vielliard, p. 79, n. 4.

찍질을 가하기도 했다. 롤랑은 화살과 창에 맞아 부상을 입고 그리스도의 용감한 순교자로서 론세스바예스 계곡에서 갈증[88]으로 숨을 거두었다고 한다. 롤랑의 유해는 그의 동료들과 함께 블레의 생로맹 교회에 안치되었다.

세베리누스(Severinus)[89]

그 다음 보르도에서 주교이자 고백자인 성 세베리누스의 유해를 방문해야 한다. 그의 축일은 10월 23일이다.

또한 보르도 지방의 블래이라는 작은 도시에는 순교자 올리비에,[90] 프리지아 왕 간델보드, 다키아의 왕 오지에,[91] 브르타뉴 왕 아라스탱,[92] 로렌 공작 가랭, 그리고 샤를마뉴 휘하의 다른 전사들의 유해가 안치되어 있다. 이들은 모두 이교도 군대를 물리친 뒤 에스파냐에서 기독교 신앙을 위해 살육당한 사람들이다.[93] 이들의 유해는 동료들에 의해 멀리 블랭까지 옮겨져 와서 조심스럽게 묻혔다. 그들 모두

---

88 여기서 '갈증'은 지쳐서 쓰러졌다는 의미로 생각된다.

89 프랑스어 표기는 쇠랭(Seurin). 410년에서 420년 사이에 보르도의 주교였으며, 보르도에는 그 이름을 딴 베네딕트 수도원이 있다.

90 샤를마뉴의 열두 전사 중 한 사람으로 롤랑의 친구이다.

91 중세 무훈시에 나오는 전설적인 인물이다. 샤를마뉴와 대립하여 싸웠으나, 이슬람교도를 물리치기 위해 샤를마뉴와 화해하고 함께 싸웠다고 한다. 연대기에 따르면 색슨족에게 약탈을 당한 쾰른의 생마르탱 수도원을 오지에가 샤를마뉴의 도움으로 재건했다고 한다.

92 아라스탱에 대한 기록은 위튀르팽(Pseudo-Turpin)을 비롯한 두 편의 무훈시에 불과하다.

93 샤를마뉴의 군대가 처음에는 승리를 거두었으나 나중에는 패배했음을 의미한다.

는 하나의 무덤에 합장(合葬)되었고, 여기에서는 모든 환자들을 치유하는 지극히 향기로운 냄새가 나온다.

도미니쿠스(Dominicus)[94]

그 다음으로 에스파냐에서는 고백자 도미니쿠스의 유해가 있는 곳을 방문해야 한다. 그는 나헤라와 레데시야 사이의 길을 닦았고 그곳에서 영면했다.

파쿤두스(Facundus)와 프리미티부스(Primitivus)

또한 그 길에서는 순교자 성 파쿤두스와 성 프리미티부스의 유해를 방문해야 한다. 그들에게 봉헌된 교회는 샤를마뉴가 세웠다.[95] 그 도시 옆에는 숲이 있는데 전사가 꽂아 놓은 창에서 꽃이 피었다고 한다. 축일은 11월 27일이다.

이시도루스(Isidorus)

이곳에서 출발해서는 레온에 들러 경건한 이시도루스의 축복받은 유해를 방문해야 한다. 이시도루스는 주교이자 고백자이자 박사이다. 그는 성직자를 위해 매우 경건한 규칙을 만들었으며, 이 규칙을 에스파냐 전역에 퍼뜨렸다. 또한 그는 모든 신성한 교회를 훌륭한 저작들의 꽃향기로 장식했다.

---

94 에스파냐어로는 도밍고(Domingo), 프랑스어로는 도미니크(Dominique)이다.

95 이 두 성인에게 봉헌된 교회는 사아군에 있으며, 샤를마뉴 이후 아스투리아스의 왕 알폰소 3세가 두 차례에 걸쳐 증축했다. 이 교회에는 1195년부터 이미 순례자를 위한 숙소가 있었다는 기록이 있다.

성 야고보(Jacobus)

마지막으로 콤포스텔라를 방문해야 한다. 가장 큰 관심과 주의를 기울여 가장 귀중한 성 야고보의 유물을 방문해야 하는 것이다.

지금까지 말한 모든 성인들이시여, 그리고 신의 모든 다른 성인들이시여, 성부와 성령과 더불어 영원히 천국에 사시며 그곳을 다스리시는 우리 주 예수 그리스도 곁에서 성인이신 당신들의 공덕과 기도로 우리를 도와주소서. 아멘.

제9장 산티아고 데 콤포스텔라 도시와 성당

- 교황 칼릭스투스와 에므리

콤포스텔라 시는 두 강 사이에 있는데, 하나는 사르강이고 다른 하나는 사렐라강이다. 사르강은 동쪽으로 고소산과 도시 사이로 흐르고, 사렐라강은 서쪽으로 흐른다. 도시의 입구와 성문은 7개이다. 첫 번째 입구는 프란시헤나 문,[1] 두 번째는 페냐 문,[2] 세 번째는 수브프라트리스 문,[3] 네 번째는 성 페레그리누스 문,[4] 다섯 번째는 팔구에리우스 문,[5] 여섯 번째는 수사누스 문,[6] 일곱 번째는 마케렐리우스

---

1 Porta de Francigena. 'Francigena'는 '프랑스인'이라는 뜻이다. 교회의 북쪽 문으로, 이 문은 순례길인 '프랑스 길'의 종착점이라고 할 수 있다.

2 Porta de Poennae. 'Poenna'는 중세 라틴어로 '바위산'을 뜻한다.

3 Porta de Subfratribus. 'frater'는 수도사를 말하므로 'subfrater'는 '수도원 아래'라는 뜻이 된다. 그 이름은 이곳에 순례자를 위한 무료 숙소가 있었는데 그곳을 수도사와 수녀가 운영했던 데에서 유래한 것이다.

4 Porta de Sancto Peregrino. '순례자의 문'이라는 뜻이다. 이 문은 트리니다드 교회 근처에 있어서 '트리니다드 문'이라고도 한다. '트리니다드(Trinidad)'는 '삼위일체'를 뜻한다.

5 Porta de Falgueriis. Puerta Fajera라고도 한다. 'falguera'는 카탈로니아어로 '고사리'라는 뜻이다.

6 Porta de Susannis. Puerta de Mámoa라고도 한다. 'susannus'는 중세 라틴어로 '황무지'를 뜻한다.

문[7]이다. 일곱 번째 문은 주류 운반로이다.

도시의 교회[8]

이 도시에는 대략 10개의 교회가 있다고 하는데, 그중 첫 번째는 제베대오의 아들 사도 야고보의 교회[9]로서 가장 영광스러운 교회이다. 이 교회는 도시 한가운데에서 영광스럽게 빛나고 있다. 두 번째는 산페드로[10] 교회이며 수도원 예배당으로서 프랑스 길 가까이에 있다. 세 번째는 산미겔 교회로서 '시스테르나'라는 이름을 가지고 있다.[11] 네 번째는 산마르틴 교회로서 이 역시 수도원 소속 예배당이며 '피나리오'라는 이름을 가지고 있다.[12] 다섯 번째는 산타트리니다드 교회로서 순례 도중 사망한 자들의 묘소 역할을 하고 있다. 여섯 번째는 산타수사나 교회로서 파드론에 이르는 길 옆에 있다. 일곱 번째는 산펠릭스마르티르[13] 교회, 여덟 번째는 산베니토 교회, 아홉 번째는 산티아고 성당 뒤에 있는 산펠라요마르티르[14] 교회이며, 열 번째는 산

7 Porta de Marcerellis. Puerta de Mazarelos라고도 하는데 mazarelos는 현대 카스티야어에는 없는 단어이다. '벽돌'을 뜻하는 아랍어 mazari가 mazarelos의 어원으로 추정된다.

8 이 장의 소제목은 리폴 사본에만 있고 콤포스텔라 성당 사본에는 없다.

9 산티아고 (대)성당을 말한다.

10 'San Pedro'는 '성 베드로'의 에스파냐어 표기이다.

11 산미겔(San Miguel) 교회에 '저수지'를 뜻하는 '시스테르나(Cisterna)'라는 별명이 붙은 것으로 보아 과거에 그 지역이 농업과 관련이 있었을 것으로 생각된다.

12 산마르틴(San Martín) 교회는 '피나리오(Pinario)'로도 불리는데, 그 이름의 어원에 대해서는 라틴어 pinna(성벽의 총안 사이 부분)에서 왔다는 설, 카스티야어 pina(기념비)에서 왔다는 설, pineus(소나무 숲)에서 왔다는 설 등 여러 가지 설이 있다.

13 '순교자 성 펠릭스'를 가리킨다.

14 '순교자 성 펠라지오'를 가리킨다.

타마리아라비르헨[15] 교회로서 산티아고 성당 뒤에 있으며 산니콜라스 제단과 산타크루즈[16] 제단 사이에 이 교회로 들어가는 입구가 있다.

교회의 규모

산티아고 성당의 길이는 서문(西門)[17]에서 산살바도르[18] 예배당까지로서 사람 키의 53배에 달한다.[19] 폭은 프란시헤나 문(북문)에서 남문까지로서 사람 키의 39배이다. 내부의 높이는 사람 키의 14배이다.[20] 외부의 길이와 높이가 얼마나 되는지는 어느 누구도 알 수 없을 것이다.

아래층에는 9개의 회랑[21]이 있고, 위층에는 6개의 회랑이 있다.[22] 교회의 머리(caput)인 중심 예배당[23]은 하나인데, 거기에는 산살바

---

15 산타마리아라비르헨(Santa Maria la Virgen)은 '성처녀 마리아'를 뜻한다.

16 산타크루즈(Santa Cruz)는 '성 십자가'를 뜻한다.

17 글로리아 문(Porta de Gloria)이라고도 한다. 서문은 교회의 정면 중앙에 있는 출입문이다.

18 산살바도르(San Salvador)는 라틴어로 Sanctus Salvatores이며 '구세주'라는 뜻이다. 산살바도르 예배당은 동쪽 끝에 있다.

19 여기서 사람 키는 대략 1.7미터 정도로 계산되어 있다. 각주 20 참조.

20 산티아고 성당을 실측한 자료는 세 가지인데, 이 실측 자료들의 수치는 약간씩 차이가 있다. 왜냐하면 측정한 지점이 다르기 때문이다. 먼저 카레(Carré)가 측정한 결과는 길이 94미터, 폭 63미터, 내부 높이 24미터, 외부 높이 32미터였다. 로페스 페레이로(López Ferreiro)가 측정한 수치는 길이 97미터, 폭 65미터, 높이 22미터였다. 커낸트(Conant)의 측정 결과는 길이 296피트, 폭 218피트, 높이 212피트 10인치였다. 이 세 자료에서 제시한 수치에 따라 사람 키를 계산해 보면 각각 1.694미터, 1.748미터, 5.59피트(1.708미터)이다.

21 원문의 naves는 원래 '배'를 가리키는 말이다. '작은 회랑'은 naviculum이라는 단어를 사용했는데, 이것 역시 '작은 배'라는 뜻이다. 교회 회랑이 이러한 이름을 갖게 된 것은 교회가 천국으로 가는 배를 상징하기 때문이다.

22 즉, 중앙 회랑과 날개 회랑은 천장까지 뚫려 있고, 이 회랑들 옆에 붙어 있는 작은 회랑들은 2층으로 되어 있다.

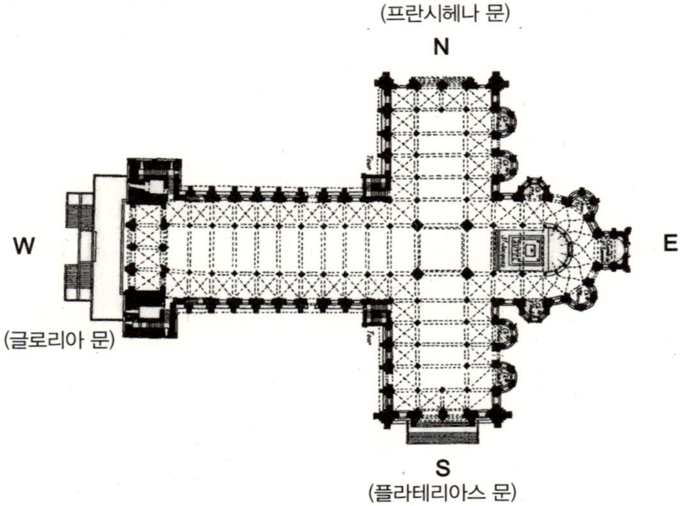

산티아고 성당(성 야고보 교회) 평면도

도르 제단이 있다. 그리고 왕관 모양의 복도가 하나 있고, 하나의 몸통(중앙 회랑)과 2개의 팔(날개 회랑), 그리고 8개의 작은 머리, 즉 작은 예배당이 있다.[24] 각각의 작은 예배당에는 제단이 있다. 9개의 회랑 중 6개는 작고 3개는 크다. 큰 회랑 3개 중 첫 번째 것은 중앙 회랑으로 서문에서 중앙 기둥까지 이어져 있다. 중앙 기둥 4개는 교회를 떠받치고 있다. 중앙 회랑의 좌우에는 각각 작은 회랑(naviculum)이 있다. 다른 2개의 큰 회랑은 양쪽 팔 부분에 있다. 그중 하나는 프란시

---

23 이 예배당은 프랑스 국왕을 위한 예배당이다. 1447년 루이 11세가 왕세자였을 때 이 예배당을 기증했다.

24 교회에 대한 설명에서 특징적인 것은 교회 건물을 신체, 특히 예수의 신체에 비유하고 있다는 점이다.

헤나 문에서 중앙 기둥 4개의 교차점까지이며, 다른 하나는 이 교차점으로부터 남문까지이다. 이 회랑에는 작은 회랑이 각각 2개씩 붙어 있다. 이 3개의 큰 회랑은 교회의 천장[25]으로 뻗어 있고, 6개의 작은 회랑은 아치 버팀벽[26]까지 뻗어 있다. 2개의 큰 회랑은 그 폭이 사람 키의 11배 반에 이른다. 사람 키는 손바닥 8개 길이이다.[27]

중앙 회랑은 기둥 29개로 이루어져 있다. 좌우에 각각 14개의 기둥이 있고,[28] 나머지 하나는 북풍을 막아 주는 2개의 문[29] 사이에 있다. 이 기둥은 궁륭천장을 나누고 있다. 교회의 십자를 이루는 회랑들은 프란시헤나 문에서 남문에 이르는데, 여기에는 26개의 기둥이 있으며, 좌우에 각각 12개의 기둥이 있고, 2개는 문 앞에 있는데 이것은 궁륭천장과 문을 나누고 있다. 왕관 회랑(corona)에는 8개의 작은 기둥이 성 야고보 제단을 둘러싸고 있다. 6개의 작은 회랑은 제단 위층에 있는데 이 회랑의 길이와 폭은 아래에 있는 작은 회랑과 같다. 이 회랑은 한편으로는 벽에 의해 지탱되고, 다른 한편으로는 아래층 큰

25 원문의 caelum은 원래 '하늘'이라는 뜻을 가지고 있다. 따라서 하늘 혹은 천국을 향해 뻗어 있음을 뜻한다.

26 원문의 media cindria는 중세 건축 용어임에는 틀림없으나 그 뜻은 불분명하다. 프랑스어 cintre가 cindria와 가장 유사한 형태의 단어인데, 그것은 '아치'를 뜻하므로 이와 같이 옮겼다.

27 손바닥 길이는 지방에 따라 17.5센티미터에서 23센티미터까지 차이가 컸다. 중앙 회랑을 실측한 길이는 19.64미터 또는 19.58미터이므로 이를 근거로 계산해 보면 사람 키는 약 1.7미터인데, 손바닥 길이는 사람 키를 8로 나눈 것이므로 약 21센티미터가 된다.

28 이 기둥의 개수는 아마도 잘못된 수치인 듯하다. 어떻게 세어 보더라도 기둥 개수는 13개 또는 15개이다.

29 원문은 duos portallos adversus aquilonem. 여기서 'aquilo'는 '북쪽'을 나타내는 말이지만, 교회 건축에서는 출입문, 즉 서문을 가리킨다.

회랑에서 올라온 기둥과 석공들이 아치 버팀벽이라고 부르는 기둥에 의해 떠받쳐진다. 기둥은 위층과 아래층에 똑같은 개수가 있고, 아치 역시 마찬가지이다. 그러나 궁전의 회랑은 단일 기둥으로 둘러싸여 있는데, 석공들이 아치형 작은 기둥이라고 부르는 2개의 기둥이 쌍을 이루고 서 있다. 사실 어느 누구도 이 교회 안에서 균열이나 결함을 발견하지 못할 것이다. 이 교회는 놀라울 정도로 크고, 넓고, 밝게, 그리고 적당한 크기로 지어졌으며, 길이와 너비, 높이가 모두 조화를 이루고 있다. 왕궁처럼 2층으로 지어져 있는데, 이 작업에는 형언할 수 없는 노력이 들어가 있다. 설사 우울한 기분으로 올라갔다 하더라도 위층 회랑으로 걸어 나오면 이 교회의 아름다움에 빠져 즐겁고 행복한 기분이 될 것이다.

창문

성당에는 63개의 유리창이 있는데, 제단 위에 있는 왕관 회랑을 둘러싼 각 제단 위에 3개의 유리창이 있다. 성 야고보 제단을 둘러싸고 있는 위층에는 5개의 유리창이 있는데, 이 유리창을 통해서 들어온 빛이 사도의 제단에 광채를 가져다준다. 그 위쪽으로 아치와 지붕 사이 부분인 트리포리움(triforium)[30]에 43개의 유리창이 있다.

---

30 교회의 2층 부분.

출입구

이 교회에는 3개의 중심 출입구와 7개의 작은 출입구가 있다. 중심 출입구의 첫 번째는 서쪽 입구이며, 두 번째는 남쪽, 세 번째는 북쪽이다. 각 출입구에는 2개의 입구가 있으며 각 입구는 2개의 문으로 이루어져 있다. 작은 출입구 7개 중에서 첫 번째는 산타마리아 출입구이다. 두 번째는 비아 사크라[31]라는 출입구이며, 세 번째는 산 펠라요, 네 번째는 카노니카,[32] 다섯 번째는 페드레라,[33] 여섯 번째는 마찬가지로 페드레라이며, 일곱 번째는 대주교관(大主教館, domus archiepiscopi)으로 통하는 입구로 문법학교[34]라는 이름을 가지고 있다.

성 야고보의 샘

우리 프랑스 사람들은 사도의 교회에 들어가려고 할 때 북쪽에서 들어간다. 이 입구 앞쪽 길 옆에는 가난한 산티아고 순례자를 위한 구호소가 있다. 그리고 길 건너에 광장이 있는데, 그곳에 가려면 9개의 계단을 내려가야 한다. 이 광장에 이르는 마지막 계단에는 세상에서 찾아보기 힘든 놀라운 샘이 있다. 사실 이 샘은 계단에 있는 3개의 돌이 받치고 있어서 돌로 된 대야와도 같고, 둥글고 우묵하여 술잔이나

---

31 비아 사크라(Via Sacra)는 '성스러운 길'을 뜻한다.

32 카노니카(Canonica)는 '성당 참사회'를 뜻한다. 아마도 이 출입구는 성당 참사회원들이 편하게 드나들 수 있는 문이었던 것으로 생각된다.

33 페드레라(Pedrera)는 라틴어 petraria, 즉 채석장 혹은 돌을 다루는 곳이라는 단어에서 나온 말이다. 이 작은 출입구는 정원으로 연결되는데, 아마도 교회를 지을 당시 이곳에서 석재를 가공했던 것 같다.

34 '문법학교(Gramaticorum scola)'라는 이름으로 미루어, 대주교의 관사에서 문법 강의가 있었던 것으로 추측된다.

물탱크 같기도 하다. 이 샘은 무척 커서 열다섯 명이 그 안에서 목욕을 할 수 있을 정도이다. 그 가운데에는 구리로 된 균형 잡힌 기둥이 솟아 있는데, 그 모양을 보면 아래쪽은 두껍고 7개의 사각 패널로 장식되어 있다. 기둥의 꼭대기에는 네 마리의 사자가 돌출되어 있으며, 그 사자의 입을 통해 네 갈래의 물줄기가 뿜어져 나와 목마른 산티아고 순례자들과 주민들을 적셔 준다. 사자의 입에서 나온 물줄기는 아래쪽에 있는 앞서 말한 대야로 곧장 떨어지고 그곳에서부터 대야의 구멍을 통해서 땅으로 스며든다. 그 물이 어디서 오는지 알 수 없듯이 그 물이 어디로 가는지도 알 수 없다. 게다가 이 물은 달콤하고, 영양가 높으며, 건강에 좋고, 맑고, 맛있으며, 겨울에는 따뜻하고 여름에는 시원하다. 앞서 말한 기둥을 빙 둘러서 사자 발밑에 다음과 같이 새겨져 있다.

> 나 베마르(Bemard)는 성 야고보의 재무관으로서 이 물을 이리로 가져와서 이 기념물을 세운다. 이것은 내 영혼과 내 부모의 영혼을 위함이다. 1160년 4월 이데스[35] 일에.

35 이데스(ides)는 고대 로마력에서 한 달 중 가운데 날짜를 말한다.

도시의 광장(paradiso)[36]

샘 뒤쪽으로는 돌로 포장된 광장이 있다. 이곳에서 성 야고보의 상징인 가리비 조개가 판매된다. 또한 포도주용 가죽부대, 신발, 사슴가죽 배낭, 주머니, 가죽끈, 허리띠, 온갖 종류의 치료용 향초(香草), 다양한 약품과 그 밖의 많은 것들이 여기서 판매된다. 반면 프랑스 길에서는 환전상이나 여관주인 등 모든 업종의 상인을 만날 수 있다. 광장의 길이와 너비는 돌멩이를 던져서 도달하는 거리이다.[37]

북쪽 출입구(De porta septemtrionali)

광장 너머에 산티아고 성당의 북쪽 출입구가 있다. 이 출입구는 프랑스 출입구라고 불린다.[38] 여기에는 2개의 입구가 있고 각각 아름다운 장식이 조각되어 있다. 각 입구의 바깥쪽에는 6개의 기둥이 있는데, 어떤 것은 대리석으로 되어 있고 어떤 것은 돌로 되어 있다. 3개는 오른쪽에 있고 3개는 왼쪽에 있다. 즉, 한쪽 입구에 6개의 기둥이 있으며, 다른 한쪽 입구에도 6개의 기둥이 있다. 그리하여 기둥은 모두 12개가 된다. 두 문 사이에 있는 기둥의 바깥쪽 벽 위에는 하느님이 오른손으로는 은총을 내리고 왼손에는 책을 들고 위엄 있게 앉아 있다. 보좌 주위로는 마치 하느님을 떠받치는 듯이 네 명의 복음

---

36 'paradisum'은 원래 '정원'을 의미하지만, 여기서는 건물 앞의 현관이나 참을 뜻하는 'parvis'의 어원으로 해석했다.

37 돌멩이 하나를 던져서 도달하는 거리가 어느 정도인지에 대해서는 어떤 정보도 나와 있지 않다.

38 이 출입구의 문은 아사바헤리아(Azabachería) 문이라고도 한다. 이 문의 전면 장식(façade)은 18세기에 무너져서 지금은 다른 전면 장식으로 바뀌었다.

서 저자들이 둘러서 있다. 오른쪽에는 낙원이 그려져 있고, 그 안에 하느님이 다시 그려져 있다. 하느님은 아담과 이브가 지은 죄에 대해 꾸짖고 있다. 왼쪽에도 하느님이 등장하는데 이번에는 다른 형상을 하고 있다. 즉, 아담과 이브를 낙원에서 추방하고 있다. 그 부분에는 수많은 성인, 동물, 인간, 천사, 여자, 꽃, 그리고 여기서 그 면면과 특징을 다 형언할 수 없는 다른 많은 피조물들이 조각되어 있다.

성당 안으로 들어가서 왼쪽 문 위, 즉 팀파눔에는 성모 마리아의 승천이 묘사되어 있으며, 이 성모 마리아에게 가브리엘 천사가 말하는 모습이 그려져 있다. 그 밖에도 왼쪽 문 위의 양쪽 면에는 1년 열두 달을 비롯한 아름다운 조각 작품들이 새겨져 있다. 바깥쪽 벽에는 두 마리의 커다랗고 사나운 사자가 있는데, 한 마리는 오른쪽에, 다른 한 마리는 왼쪽에 있다. 이 사자들은 마치 입구를 지키기라도 하는 듯이 문 쪽을 바라보고 있다. 아치 받침기둥 위에는 네 명의 사도가 표현되어 있는데, 각각 왼손에는 책을 들고 오른손으로는 성당으로 들어가는 사람들에게 축복을 내리고 있다. 왼쪽 문 양옆으로 오른쪽에는 베드로가, 왼쪽에는 바오로가 서 있다. 오른쪽 문의 양옆으로 오른쪽에는 요한이, 왼쪽에는 성 야고보가 서 있다. 각 사도의 머리 위에는 황소의 머리가 도드라지게 조각되어 있다.

남쪽 출입구(De porta meridiana)

남쪽 출입구

이미 말했듯이 성당 남쪽 출입구에는 입구 2개와 문 4개가 있다. 오른쪽 입구의 문 위에 있는 첫 번째 분할 면에는 예수에 대한 배반이 훌륭하게 조각되어 있다. 여기서 예수는 유대인들의 손에 의해 기둥에 묶여 있는 모습으로 표현되어 있다. 예수는 가죽끈으로 채찍질을 당하고 있다. 저쪽에는 빌라도가 마치 예수를 심판이라도 하는 듯이 옥좌에 앉아 있다.[39] 그 위의 다른 분할 면에는 예수의 어머니 성모 마리아가 아들과 함께 베들레헴에 있는 모습과 동방박사 세 사람이 성모 마리아와 그녀의 아들 예수를 만나기 위해 찾아와 예수께 선물을 드리는 장면이 묘사되어 있다. 그리고 천사와 별들이 예수와 마리아에게 헤로데 왕에게로 다시 돌아가지 말라고 권고하고 있다.

그 입구의 아치 받침기둥 위에는 문을 지키기라도 하는 것처럼 두 명의 사도가 한 명은 오른쪽에, 다른 한 명은 왼쪽에 있다. 다른 쪽 입구, 즉 왼쪽 입구도 마찬가지로 윗부분에 두 명의 사도가 있

---

39 마태오 복음서 27장 26절: "그래서 빌라도는 바라빠를 풀어 주고 예수님을 채찍질하게 한 다음 십자가에 못 박으라고 넘겨주었다."

다. 그리고 그 입구의 문 위에 있는 첫 번째 분할 면에는 광야의 시험(Temptacio)[40]이 조각되어 있다. 하느님 앞에 괴물을 닮은 혐오스러운 모습의 어떤 천사가 있는데, 그가 예수를 탑 꼭대기에 올려놓고 있다. 어떤 사람들은 예수에게 돌을 건네주며 그것을 빵으로 바꾸라고 강요하고, 다른 사람들은 자신들 앞에 무릎을 꿇으면 현세의 왕국을 주겠노라고 한다. 그것은 하느님을 기쁘시게 하지 못한다. 그러나 그곳에는 다른 순수한 천사들, 즉 좋은 천사들도 있다. 몇몇은 예수 뒤에서, 그리고 몇몇은 아래에서 향을 피우고 예수의 시중을 들고 있다. 그 출입구에는 네 마리의 사자가 각 입구의 양쪽에 있다. 양쪽 입구 사이에 솟아 있는 기둥 위에는 더 사나운 사자 두 마리가 서로 뒷다리로 기대고 있는 모습이다. 총 11개의 기둥이 출입구에 포개어져서 있다. 5개는 오른쪽 출입구에, 5개는 왼쪽 출입구에 있으며 열한

---

40 예수가 사탄으로부터 받은 시험을 말한다. 마태오 복음서 4장 1-11절 참조(그때에 예수님께서는 성령의 인도로 광야에 나가시어, 악마에게 유혹을 받으셨다. / 그분께서는 사십 일을 밤낮으로 단식하신 뒤라 시장하셨다. / 그런데 유혹자가 그분께 다가와, "당신이 하느님의 아들이라면 이 돌들에게 빵이 되라고 해 보시오." 하고 말하였다. / 예수님께서 대답하셨다. "성경에 기록되어 있다. '사람은 빵만으로 살지 않고 하느님의 입에서 나오는 모든 말씀으로 산다.'" / 그러자 악마는 예수님을 데리고 거룩한 도성으로 가서 성전 꼭대기에 세운 다음, / 그분께 말하였다. "당신이 하느님의 아들이라면 밑으로 몸을 던져 보시오. 성경에 이렇게 기록되어 있지 않소? '그분께서는 너를 위해 당신 천사들에게 명령하시리라.' '행여 네 발이 돌에 차일세라 그들이 손으로 너를 받쳐 주리라.'" / 예수님께서는 그에게 이르셨다. "성경에 이렇게도 기록되어 있다. '주 너의 하느님을 시험하지 마라.'" / 악마는 다시 그분을 매우 높은 산으로 데리고 가서, 세상의 모든 나라와 그 영광을 보여 주며, / "당신이 땅에 엎드려 나에게 경배하면 저 모든 것을 당신에게 주겠소." 하고 말하였다. / 그때에 예수님께서 그에게 말씀하셨다. "사탄아, 물러가라. 성경에 기록되어 있다. '주 너의 하느님께 경배하고 그분만을 섬겨라.'" / 그러자 악마는 그분을 떠나가고, 천사들이 다가와 그분의 시중을 들었다).

번째 기둥은 두 출입구 사이에서 출입구를 나누며 서 있다. 이 기둥 중 어떤 것은 대리석으로 되어 있고, 어떤 것은 돌로 되어 있는데, 이 기둥 모두에는 꽃, 인간, 새, 동물 등 다양한 형상들이 조각되어 있다. 이 기둥의 대리석은 흰색이다. 잊지 않고 알아두어야 할 것은 광야의 시험 조각 옆에 한 여인이 남편에 의해 참수된 애인의 가엾은 머리를 손에 들고 있는 조각이다. 그 여인은 남편의 명령에 따라 하루에 두 번씩 그 머리에 입을 맞추어야 한다. 오! 부정한 여인에게 가해진 가혹하고 놀라운 형벌이여! 모든 이들에게 전하라!

4개의 문 위에 있는 분할 면과 성당의 트리포리움 방향에 흰 대리석 장식이 황홀하게 빛나고 있다. 예수가 그곳에 서 있으며, 그 왼편에 베드로가 열쇠를 쥔 채 서 있고, 오른편에는 두 그루의 사이프러스 나무 사이에 성 야고보가 있고, 그 옆에 그의 형제인 성 요한이 있다. 그리고 왼쪽과 오른쪽 끝에 나머지 사도들이 위치해 있다. 이 모든 것들의 상하좌우에 있는 벽은 꽃, 인간, 성인, 동물, 새, 물고기, 그리고 말로 세세하게 형언할 수 없는 다양한 것들로 장식되어 있다. 그리고 네 명의 천사가 궁륭 위에서 나팔을 불고 있다. 그것은 최후의 심판을 알리는 나팔 소리이다.

서쪽 출입구(De porta occidentali)

서쪽 출입구

서쪽 출입구에는 2개의 입구가 있다. 이 출입구는 아름다움이나 크기, 작업량으로 볼 때 다른 문을 압도한다. 즉, 이 출입구는 다른 출입구보다 크고 아름다우며 더 많은 노력을 들여 만든 문이다. 외부에는 많은 계단과 여러 개의 대리석 기둥이 있는데, 이들 기둥은 다양한 모습과 형태로 장식되어 있다. 여기에는 남자, 여자, 동물, 새, 성인, 천사, 꽃을 비롯해 다양한 형상이 조각되어 있다. 말로 이 모든 노력을 표현하기에는 부족하다. 그 위로는 타보르산에서 펼쳐졌던 '주님의 변모(Dominica Transfiguratio)'[41]가 훌륭하게 조각되어 있다. 이 조각에서 주님은 밝은 구름 위에서 눈처럼 눈부신 옷을 입고 해처럼 빛나는 얼굴을 하고 계신다. 그 위에 성부께서 주님께 말을 하고 있다. 그리고 그 옆에는 주님과 함께 온 모세와 엘리야가 있는데, 그들은 주님께서 예루살렘을 떠나시기 전에 이루어야 할 일들에 대해 주님께 이야기하고 있다. 그리고 거기에는 다른 사람보다 앞서 주님의 변모를 목격했던 야고보와 베드로 그리고 요한도 있다.

---

41 예수가 지상생활 중 잠시 신성을 드러낸 사건을 말한다. 가톨릭에서는 '예수의 거룩한 변모' 또는 '현성용(顯聖容)'이라고 한다. 마태오 복음서 17장 1-9절, 마르코 복음서 9장 2-9절, 루카 복음서 9장 28-36절 참조.

성당의 탑

교회에는 총 9개의 탑이 있다. 2개는 샘의 입구 위에, 2개는 남쪽 출입구 위에, 2개는 서쪽 출입구 위에, 2개는 나선형 계단 위에 있고, 나머지 가장 큰 탑 하나는 교회의 한가운데, 중심 회랑과 날개 회랑의 교차점 위에 있다. 이 탑을 비롯한 많은 귀중한 장식품들로 인하여 산티아고 성당은 영광의 빛을 발하고 있다. 이 모든 것은 대리석만큼 단단한 밝은 갈색 돌로 만들어져 있다. 내부는 다양한 색깔로 칠해져 있고, 외부는 타일과 납으로 장식되어 있다. 지금까지 말한 모든 것들 중에는 이미 완성된 것도 있고, 현재 작업이 진행 중인 것도 있다.

성당의 제단

성당의 제단은 다음과 같은 순서로 되어 있다. 프랑스 출입구를 통해 들어오면 가장 먼저 왼편에 산니콜라스 제단이 있다. 그 다음으로 산타크루즈, 왕관 회랑, 성녀 피데스,[42] 사도이자 복음서 저자이며 성 야고보의 형제인 성 요한,[43] 커다란 동쪽 머리 부분 예배당인 산살바도르,[44] 사도 성 베드로,[45] 성 안드레아,[46] 주교 성 마르티누스, 마지막으로 세례자 요한의 제단이 있다. 성 야고보 제단과 산살바도르 제단 사이에 있는 마리아 막달레나 제단에서는 순례자를 위한 아침 미

---

42 에스파냐어로는 산타 페(Santa Fe). 성녀 피데스의 제단은 16세기에 산 바르톨로메(San Bartolomé)에게 봉헌된 이후 오늘날에 이르고 있다.

43 에스파냐어로는 산 후안(San Juan).

44 Sancti Salvadoris. 에스파냐어로는 산살바도르(San Salvador). 15세기 중반 프랑스 왕의 이름도 함께 붙게 되어 '프랑스 왕(Rey de Francia) 제단'이라고도 불린다.

45 Sancti Petri apostoli. 에스파냐어로는 산 페드로(San Pedro).

46 Sancti Andree. 에스파냐어로는 산 안드레스(San Andres).

사가 울려 퍼진다. 그 위쪽 트리포리움에는 제단 3개가 더 있다. 그 중심 제단은 미카엘 대천사[47] 제단이다. 그 다음 오른쪽에 성 베네딕토[48] 제단, 왼쪽에 성 바오로[49] 제단과 산니콜라스 제단이 있는데, 이곳에서 대주교의 예배가 행해진다.

성 야고보의 유해와 제단

지금까지 우리는 교회의 특징에 대해 살펴보았다. 이제 공경할 만한 사도의 제단에 대해 살펴보자. 전승에 따르면, 이 경건한 교회에 사도 야고보를 기려 세운 높은 제단 아래 그의 유해가 안치되어 있다고 한다. 대리석으로 된 관은 감탄할 만한 기술과 적당한 규모로 만들어진 궁륭형 묘소 안에 놓여 있다.

이 도시의 주교였던 성 테오데미르[50]의 증언에 따르면, 그가 이 유해를 발견하고 옮기려 했으나 옮길 수 없었다고 한다. 그의 증언을 믿는다면 성 야고보의 유해는 고정되어 있어서 움직일 수 없음이 분명하다.

그러므로 성인의 유해 전부 혹은 일부를 가지고 있다고 주장하는 산 너머의 경쟁자들이여, 부끄러운 줄 알라! 실제로 사도의 유해는 온전히 여기에 있으면서, 낙원의 홍옥(紅玉)과 같은 신성한 빛을 발하고 감미롭고 신성한 향기를 내뿜고 있다. 또한 눈부신 천국의 양초로

---

47 Sancti Michaelis arcangeli. 에스파냐어로는 산 미겔 아르캉헬(San Miguel Arcángel).

48 Sancti Benedicti. 에스파냐어로는 산 베니토(San Benito).

49 Sancti Pauli apostoli. 에스파냐어로는 산 파블로(San Pablo).

50 이리아 플라비아의 주교(800-847)로서, 9세기 초 알폰소 2세 치세에 성 야고보의 묘를 발견하고 그곳에 산티아고 데 콤포스텔라 도시를 세웠다.

장식되어 있고, 상냥한 천사들이 둘러싸고 있다.

묘소 위에 작은 제단이 있는데, 그것은 사도의 제자들이 만들었다고 한다. 작은 제단이지만 사도와 그 제자들에 대한 사랑으로 인하여 어느 누구도 그 제단을 무너뜨리지 않았다. 그리고 그 위에 있는 커다란 제단은 높이가 다섯 뼘, 길이가 열두 뼘, 너비가 일곱 뼘이다.

이것은 내가 직접 손으로 잰 수치이다. 결과적으로 작은 제단은 큰 제단에 의해 오른쪽과 왼쪽, 뒤쪽의 삼면이 가려지게 되었다. 그러나 앞쪽은 여전히 드러나 있다. 그리하여 은으로 된 제단 전면장식[51]을 들어내면 예전의 제단을 볼 수 있다.

성 야고보에 대한 봉헌으로서 덮개나 천으로 제단을 덮으려면 그것은 너비가 아홉 뼘, 길이가 스물한 뼘은 되어야 한다. 반면 신과 사도에 대한 사랑으로 제단 전면장식을 덮을 수 있는 천을 봉헌하려면 너비가 일곱 뼘, 길이가 열세 뼘이면 된다.

은제(銀製) 제단 전면장식

제단 전면장식은 제단 바로 앞에 있는데, 금과 은을 놀라운 기술로 가공한 것이다. 가운데에 예수의 옥좌가 조각되어 있고, 묵시록에서 말한 바대로, 스물네 명의 장로가 복자 요한, 성 야고보의 순서로 오른쪽에 열두 명, 왼쪽에 열두 명이 원형을 이루어 예수 주위를 둘러싸고 있다.[52] 이들의 손에는 키타라와 금으로 만든 향료병이 들려 있

51 원문의 'tabula'는 제단의 전면장식으로, 프랑스어로는 'le devant d'autel', 영어로는 'antependium'으로 번역되어 있다. 제단의 전면장식은 대개 천으로 만들었지만 중세 초에는 금속으로 만드는 경우도 많았다.

다. 그들 가운데 예수가 마치 하느님의 옥좌에 앉은 것처럼 앉아서 왼손에는 생명의 책을 들고 오른손으로는 은총을 내리고 있다. 옥좌 주변으로 그것을 지탱하듯이 네 명의 복음전도자들이 있다. 왼쪽과 오른쪽에 열두 사도가 있는데, 세 명은 오른쪽 첫째 열에, 그리고 세 명은 그 위에 있다. 왼쪽도 마찬가지로 아래 열에 세 명, 위 열에 세 명이 있다. 마지막으로 아름다운 꽃이 빙 둘러 피어 있고 사도들 사이에는 아름다운 기둥들이 서 있다. 황홀하고 놀라운 기술로 제작된 제단 전면장식 맨 윗부분에는 다음과 같은 시가 적혀 있다.

> 산티아고 주교 디에고 2세가
> 주교직 5년 차에 이 제단 전면장식을 만들었다.
> 이것은 산티아고 금고에서 지출된
> 은 75마르크[53]로 만들어졌다.

그리고 그 아래에는 다음과 같은 글이 새겨져 있다.

> 이 장식이 완성되었을 때
> 알폰소가 왕이며,

52 요한묵시록 4장 4절: "그 어좌 둘레에는 또 다른 어좌 스물네 개가 있는데, 거기에는 흰옷을 입고 머리에 금관을 쓴 원로 스물네 명이 앉아 있었습니다." 묵시록에 순서는 나와 있지 않다.

53 75마르크는 은 17킬로그램 정도에 해당한다. 이 전면장식을 만드는 데 들어간 총비용이 은 17킬로그램에 해당한다는 뜻이다. 이 장식에는 금, 보석, 노동력 등이 투입되었으므로 실제 전면장식에는 그 정도 양의 은이 사용되지는 않았을 것이다.

공작은 왕의 사위 라몬이고,

주교는 앞서 말한 디에고이다.

사도 제단의 덮개지붕[54]

이 존경스러운 제단을 덮고 있는 덮개지붕은 안과 밖 모두 채색, 그림, 다른 장식물 등으로 훌륭하게 장식되어 있다. 그것은 사각형 모양으로 되어 있고 4개의 기둥이 떠받치고 있는데, 높이와 폭은 적당한 크기이다.

내부의 첫 번째 분할 면에는 바오로가 찬미한 여덟 가지 덕이 여성의 형상으로 표현되어 있다. 각 모서리마다 2개씩 표현되어 있는데, 그 여성의 머리 위에 천사들이 서 있고, 이들은 덮개 꼭대기의 옥좌를 손으로 떠받치고 있다. 이 옥좌의 중앙에는 발로 십자가를 쥐고 있는 하느님의 어린양이 있다. 거기에는 덕의 숫자와 같은 수의 천사가 있다.

외부의 첫 번째 분할 면에는 네 명의 천사들이 나팔 소리로 최후의 심판 날에 부활을 알리고 있다. 이들 중 천사 둘은 앞쪽에 있고, 나머지 둘은 뒤쪽에 있다. 같은 분할 면에는 네 명의 예언자, 즉 모세와 아브라함이 왼편에, 이삭과 야곱은 오른편에 있으며, 각각 손에 예언을 담은 두루마리를 가지고 있다.

열두 사도는 위쪽 분할 면에 둥그렇게 앉아 있다. 전면부, 즉 첫 부분에는 성 야고보가 가운데 앉아 있다. 그는 왼손에 책을 한 권 들

54 'ciborium'은 원래 '성물함'을 뜻하지만 여기서는 '덮개지붕'의 뜻으로 쓰였다.

고 오른손으로는 축복을 내리고 있다. 그의 오른쪽 옆으로 다른 사도가 있으며 왼쪽 옆으로는 또 다른 사도가 있다. 모든 사도들이 같은 분할 면에 있다. 덮개지붕의 오른쪽 면에는 다른 세 명의 사도가 있고, 왼쪽에도 세 명의 사도가 있으며, 후면에도 마찬가지로 세 명이 있다. 위의 지붕에는 네 천사가 마치 제단을 지키기라도 하는 듯이 앉아 있다. 게다가 덮개지붕의 네 구석에 지붕을 떠받치고 있는 지점에는 네 명의 복음 전도사들이 각각 상징 동물의 형상으로 표현되어 있다.

덮개지붕의 내부가 색깔만 칠해져 있는 데 반해, 외부는 조각과 함께 채색도 되어 있다. 외부의 위쪽 끝부분은 삼중 아치로 되어 있는데 그 안에는 성 삼위일체가 표현되어 있다. 첫 번째 아치는 서쪽을 향해 있으며, 그 아래에는 성부가 있다. 두 번째 아치는 남쪽과 동쪽을 향해 있고 그 아래에는 성자가 있다. 세 번째 아치는 북쪽을 향해 있고 그 아래에는 성령이 있다. 나아가 이 끝부분 위에는 귀중한 십자가가 부착된 밝은 은색 공이 있다.

3개의 등불

성 야고보 제단 앞에는 은으로 만든 커다란 등 3개가 예수와 사도들을 찬양하며 매달려 있다. 한가운데 있는 아주 커다란 등은 대형 회반죽 틀로 만들어졌다. 거기에는 7개의 구멍이 있는데, 이것은 성령의 일곱 가지 선물[55]을 나타낸다. 그리고 이 각각에는 발삼, 미르트,

55 지혜, 총명, 조언, 용맹, 지식, 경건, 신에 대한 경외를 말한다.

벤자민, 혹은 올리브기름 이외에 다른 것을 넣어서는 안 된다. 가장 큰 구멍은 가운데에 있고, 나머지 구멍들이 큰 구멍을 둘러싸고 있다. 외부에는 두 사도의 모습이 조각되어 있다. 아라곤의 알폰소 국왕이 이것을 산티아고 성당에 기부했다고 한다. 영원한 평화 속에 잠드소서.

산티아고 성당의 권위와 교회법

일반적으로 성 야고보 제단에서는 주교, 대주교, 교황, 추기경이 아니면 미사를 드릴 수 없다. 사실 오랜 관습에 따르면 성당 제단에서 미사를 드릴 수 있는 사람은 일곱 명의 추기경이었다. 이들의 구성과 권한은 여러 명의 교황, 그중에서도 특히 칼릭스투스 2세가 만들고 인정해 주었다. 산티아고 성당이 가지고 있는 이러한 권위는 경건한 전통에서 나오는 것이며 그것은 사도에 대한 사랑으로부터 나왔으므로 어느 누구도 빼앗을 수 없다.

교회의 석공 및 그들 작업의 시작과 마무리

산티아고 성당의 건축을 처음 시작한 석공 장인은 뛰어난 재능을 가진 베르나르 1세[56]와 로베르였는데, 그들은 다른 석공 약 50여 명과 더불어 매우 근면하게 일했다. 이들을 지도한 사람들은 위카르트 신부, 참사위원장 세헤레도, 그리고 수도원장 군데신도 신부였으며, 에스파냐 왕 알폰소[57]가 에스파냐 왕으로 재위하고 있고 용감한 기사이

56 알폰소 7세의 회계관으로서 프랑스 사람이었다.

57 알폰소 6세를 말한다.

자 너그러운 사람인 디에고 1세[58]가 주교로 있던 시대였다.

교회는 에스파냐 연대로 1116년[59]에 시작되었다. 그해부터 용감하고 유명한 아라곤 국왕 알폰소가 사망할 때까지는 약 59년이며, 영국 왕 헨리가 사망할 때까지는 62년, 프랑스 왕 비만왕 루이의 사망까지는 63년이다. 그리고 첫 번째 주춧돌이 놓인 해부터 마지막 돌이 놓인 해까지 44년이 소요되었다.

이 교회는 공사 시작 때부터 지금까지 성 야고보의 기적으로 광채를 발하고 있다. 아픈 사람이 이곳에서 건강을 회복하고 앞 못 보는 자가 시력을 되찾았으며, 말 못하는 자의 혀가 풀리고 듣지 못하는 자의 귀가 들리게 되었다. 또한 절름발이가 운동력을 회복하고, 귀신 들린 사람은 해방되었다. 가장 주목할 일은 신도들의 기도가 응답되었다는 것이다. 그들의 소원은 받아들여졌고 죄의 쇠사슬은 끊어졌다. 하늘문 앞에서 쓰러진 사람들에게도 하늘이 열렸고, 고통을 호소하는 환자들은 위로를 받았으며, 세계 도처에서 외국인들이 거대한 무리를 지어 몰려와서 하느님께 그들의 선물을 봉헌하며 찬양했다.

산티아고 성당의 권위

이 점을 잊지 말아야 할 것이다. 복자 교황 칼릭스투스는 사도에 대한 사랑과 그 영예를 위하여 사라센인들의 영토 내 대도시 메리다에

---

58 디에고 펠라에스(Diego Peláez)로서 1070년부터 1088년 사이에 산티아고 주교를 역임했다.

59 기독교연대법으로는 1078년이다.

있던 대주교좌를 산티아고 성당과 그 도시로 옮겨 주었다. 그리하여 교황은 지체 높은 귀족 출신으로서 이전까지 산티아고의 주교였던 디에고를 콤포스텔라 대주교좌의 첫 번째 대주교로 임명했다.

제10장 산티아고 성당 제단의 봉헌물 분배

전하는 바에 따르면, 이 교회에는 그리스도의 일흔두 제자와 마찬가지로 일흔두 명의 참사회원이 소속되어 있는데,[1] 이들은 에스파냐의 교부 성 이시도루스의 규율을 따른다고 한다.[2] 이들은 일주일 단위로 성 야고보 제단에 봉헌된 봉헌물을 나누어 갖는다. 첫째 주에는 첫 번째 참사회원에게, 둘째 주에는 두 번째 참사회원에게, 셋째 주에는 세 번째 참사회원에게 준다. 그렇게 해서 마지막 참사회원에게까지 봉헌물을 나누어 준다.

전하는 바에 따르면, 일요일마다 봉헌물을 삼등분하여 첫 번째 것은 그 주일 당번 참사회원에게 준다. 나머지 두 부분은 다시 합쳐서 삼등분한 뒤, 하나는 참사회 공동 식사에 사용하고, 두 번째 부분

1 참사회원(hebdomada)은 로마가톨릭 교회의 주번(週番)으로, 한 주간 동안 참사회 성당의 노래 미사 집행을 담당하고, 수도원 내 공창성무(共唱聖務) 일과의 선독(先讀)을 한다. 참사회원 수가 일흔두 명인 점으로 보아 이 교회 신도들이 성 야고보를 예수와 유사하게 여겼음을 알 수 있다. 루카 복음서 10장 17절: "일흔두 제자가 기뻐하며 돌아와 말하였다. '주님, 주님의 이름 때문에 마귀들까지 저희에게 복종합니다.'"

2 이시도루스가 만든 참사회칙은 전해지지 않는다.

은 성당의 유지에 사용하며, 나머지 하나는 지역 주교에게 준다. 그러나 예수수난성지주일[3]부터 부활절 사이의 성주간(聖週間)에는 관례에 따라 구호소[4]의 가난한 성 야고보 순례자들에게 주어야 한다. 또한 신의 정의를 지킨다면, 항상 성 야고보 제단의 봉헌물 중 10분의 1은 우연히 구호소에 오게 된 가난한 사람들에게 주어야 한다. 그리고 모든 불쌍한 순례자들은 성 야고보 제단에 도착한 다음 날 밤에 구호소에서 하느님과 사도의 사랑으로 환대를 받아야 한다. 병자들은 죽음에 이를 때까지, 혹은 완전히 회복할 때까지 이곳에서 정성스럽게 간호를 받는다. 생레오나르[5]에서도 같은 일이 이루어진다. 이곳에 오는 불쌍한 순례자들은 그 수가 아무리 많더라도 모두 식사를 제공받는다. 매주 일요일 이른 아침부터 3시과[6]까지 제단에 바쳐지는 봉헌물

---

3 부활절 직전 일요일. 예수수난성지주일이란 예수가 수난 전에 예루살렘에 입성한 것을 기념하는 날로, 이날부터 성주간(聖週間)이 시작된다. 이 축일을 나타내는 라틴어 palma, 영어 palm, 프랑스어 rameau는 모두 '종려나무'라는 뜻을 가지고 있는데, 이는 예수의 예루살렘 입성 때 백성들이 승리의 상징으로 종려나무 혹은 올리브나무 가지를 예수가 가는 길바닥에 깔았던 데에서 연유한다. 이에 따라 이날 교회는 성지 축성과 성지 행렬을 거행한다. 원칙적으로 성지 축성과 분배는 성당 밖에서 행해지며, 성지 행렬의 복음 낭독 후 향을 피우며 십자가를 앞세우고 성지를 손에 든 사제와 신자들이 행렬을 이루어 성당에 들어가 미사는 개회식이 생략되고 본 기도에서부터 시작된다. 성당 밖에서 행렬을 할 수 없는 경우에는 성당 안에서 중심 미사 전에 성대한 입당식을 하며 그 밖의 미사에는 간단한 입당식으로 기념한다. 이날 축성된 성지는 1년 동안 잘 보관했다가 다음 해에 태워서 '재의 수요일' 예절에 사용한다.

4 이 구호소의 이름은 Hospital del Apóstol Santiago이다. 성당 북쪽 편에 있으며 특히 가난한 사람들을 위한 구호소이다.

5 생레오나르 교회는 프랑스의 리모주에 있다. 아마도 리모주의 이 교회 참사회와 산티아고 성당의 참사회가 관련을 맺고 있었을 것으로 추측된다.

6 성무일도(聖務日禱)에 의한 하루 구분은 다음과 같다: 새벽기도(초대송 matutinum, 자정 무렵), 독서기도(찬과, laudes: 오전 3시 또는 동트기 전), 아침기도(조과, prima: 오전 6시 또는 동틀 때), 3시과(3시경, tertia: 오전 9시), 6시과(6시경, sixta: 정오),

은 관습에 따라(ex more)[7] 그 도시의 나병환자에게 제공된다. 만약 성당의 성직자가 속임수를 쓰거나 봉헌물을 앞서 언급한 방법이 아닌 다른 방법으로 분배한다면, 그것은 하느님께 죄를 짓는 일이다.

9시과(9시경, nona: 오후 3시), 저녁기도(만도, vesperae: 오후 6시), 끝기도(종과, completorium: 오후 9시). 실제 시간 측정에는 해시계, 물시계, 모래시계 등을 사용했으나, 이것은 부정확했다.

7 라틴어 'mos'는 규율로 정해져 있는 규칙을 뜻한다. 따라서 이 부분은 반드시 지켜야 할 규칙이었던 반면, 다른 부분들은 강제력이 없는 일종의 관습이었던 것으로 추정된다.

제11장 산티아고 순례자에 대한 환대[1]

산티아고 순례를 마치고 돌아온 사람이건 도중에 돌아온 사람이건, 혹은 부자이건 가난한 사람이건, 순례자들은 모든 사람들로부터 환대와 존경을 받아야 한다. 왜냐하면 기꺼이 순례자들을 환대하고 그들에게 숙식을 제공해 준다는 것은 성 야고보뿐만 아니라 하느님을 환대하는 것이기 때문이다. 하느님께서는 복음서에서 이렇게 말씀하셨다. "너희들을 받아들이는 자는 나를 받아들이는 것이다."[2] 과거에 산티아고 순례자나 행색이 초라한 사람들을 환대하지 않아서 하느님의 분노를 산 사람들의 사례가 많다.

제네바와 리옹 사이에 있는 도시 낭투아에서 어느 직물공이 빵을

---

1 이 장은 앞의 장들과는 성격이 약간 다르다고 할 수 있다. 앞 장까지는 산티아고 순례에 대한 것이었지만, 이 장은 순례에서 돌아와서 쓴 회상기 같은 성격을 가지고 있다. 특히 이 장에서 예시로 언급된 세 가지 사례들이 모두 프랑스의 사례들인 것을 보면, 프랑스인들을 대상으로 한 것임을 알 수 있다. 특히 리폴본, 바티칸본, 마드리드본 등 몇몇 판본에서는 이 장이 『칼릭스티누스 서책』 중 제2권 기적에 대한 글들에 속해 있는 경우도 있다.

2 마태오 복음서 10장 40절: "너희를 맞아들이는 사람은 나를 맞아들이는 것이요, 나를 맞아들이는 사람은 나를 보내신 분을 맞아들이는 것이다."

달라고 하는 산티아고 순례자의 요청을 거부했다. 그러자 갑자기 그의 직물이 땅에 떨어져 가운데가 찢어지고 말았다. 빌뇌브[3]에서는 가난한 산티아고 순례자가 빵을 따뜻한 재 속에 넣어 둔 어떤 여자에게 하느님과 성 야고보의 사랑으로 보시해 줄 것을 요청했다. 그 여인이 빵이 없다고 대답하자, 순례자는 그녀에게 이렇게 말했다. "부디 당신의 빵이 돌로 변해 버리기를!"[4] 순례자가 집을 나와서 꽤 멀리 떨어진 곳까지 가자, 이 불친절한 여자가 빵을 꺼내려고 잿더미로 갔으나 돌밖에 발견할 수 없었다. 그 여자는 회개하며 곧바로 순례자를 찾았으나 찾을 수 없었다.

푸아티에에서는 두 명의 용감한 프랑스인 순례자들이 아무것도 갖지 못한 채 산티아고에서 돌아오고 있었다.[5] 이들은 하느님과 성 야고보의 사랑으로 재워 줄 것을 요청하며 푸아티에 시내 전 지역, 즉 장 고티에[6] 저택에서부터 멀리 있는 생포르셰르[7]까지 돌아다녔으나 결국

---

3 '빌뇌브(Villeneuve)'는 문자 그대로 번역하면 '새로운 촌락(신촌)'이라는 뜻이다. 그러므로 프랑스의 도처에 빌뇌브가 있으며, 여기서 언급한 네 가지의 산티아고 순례길에도 6개 정도의 도시가 빌뇌브라는 이름을 가지고 있다. 여기에서 언급한 도시는 아마도 콩크 근처 아베롱(Aveyron)에 있는 마을일 것으로 추정된다. 다른 빌뇌브로는 빌뇌브다장(Villeneuve d'Agent)과 빌뇌브쉬르로(Villeneuve-sur-Lot)가 있다. 이 세 도시 모두 같은 성유물을 가지고 있다.

4 순례자가 직접 기적을 보여 주는 것은 매우 드문 일이며, 대개는 하느님이나 성인이 기적을 보여 준다.

5 '두 명의 용감한 프랑스인(duo heroes Galli)'이란 아마도 기사를 말하는 것 같다. 귀족이라도 순례를 다녀오는 동안에는 가난한 상태일 수밖에 없었을 것이다.

6 장 고티에(Jean Gautier)가 누구인지는 전혀 알 길이 없다.

7 생포르셰르(Saint-Porchaire)는 오늘날에도 푸아티에에 있는 교회이다. 오늘날 그 자리에 서 있는 교회는 16세기에 재건축된 것이며, 그 주변 지역은 오늘날에도 중심지로서 중세 도시의 모습을 그대로 간직하고 있다.

잠잘 곳을 구하지 못했다.[8] 그러다가 마침내 생포르셰르 성당 옆 길의 마지막 집에서 어떤 가난한 사람에 의해 받아들여졌다. 그러자 하느님의 심판의 결과로서 거센 불길이 타올라 그날 밤 사이에 순례자가 처음 재워 줄 것을 요청했던 집부터 시작해서 그 길에 있던 집들이 순식간에 불타 버렸다. 이 집들은 대략 천 개쯤 된다. 그런데 하느님의 종을 받아들인 집은 하느님의 은총으로 불에 타지 않았다.

부자이건 가난한 사람이건 산티아고 순례자가 환대와 존경을 받아야 할 이유가 여기에 있는 것이다.

여기서 산티아고 서책의 제5권[9]이 끝난다.

이 책을 쓴 자와 읽는 자에게 축복 있으라!

이 책은 처음에는 로마 교회에 의해 기꺼이 받아들여졌다. 그리고 다른 지방에서 필사되었다. 즉, 로마에서, 예루살렘에서, 프랑스에서, 독일에서, 프리지아에서, 특히 클뤼니에서.[10]

---

8 이 책의 저자는 푸아티에에 대해서 아주 상세히 알고 있는데, 에므리 피코가 푸아티에에서 가까운 곳 출신임을 보면 그가 이 책을 저술한 것은 확실한 것 같다.

9 몇몇 판본에는 제4권(quartus)으로 되어 있는데, 이는 'quintus'라고 썼다가 '-in-'을 긁어내고 그 자리에 '-ar-'을 써넣은 것이다. 17세기에 롤랑의 이야기를 담은 「위 투르피누스(Pseudo-Turpin)」가 원래 제4권이었으나 독립된 책으로 떨어져 나옴으로써 『칼릭스투스 서책』에서 빠지게 되었고, 그리하여 서책은 총 4권으로 이루어지게 되었다.

10 이 마지막 문단은 피타의 편집본에는 없다.

부록

『칼릭스투스 서책』 제1권 개요

『칼릭스투스 서책』 제2권 개요

성인 명단

지명 목록

❁ 『칼릭스투스 서책』 제1권 개요: 예배의식

제1권은 미사 전례에 관한 내용과 순서를 담고 있다. 제1권 맨 앞에는 교황 칼릭스투스의 편지가 있는데, 거기에는 성 야고보 전례서를 쓰게 된 동기와 이 책의 사용법이 적혀 있다. 먼저 칼릭스투스는 학생 시절부터 사도 야고보를 사랑하여 그에 관한 기록들을 수집했는데, 어느 날 밤 하느님의 아들이 성 야고보와 함께 나타나서 책을 완성하라 명하셨다고 한다. 즉, 책의 저술이 하느님의 뜻이라는 것이다. 그 다음 이 책의 사용에 대해서 교황은 여기에 적힌 내용이 교회에서 아침기도와 미사 그리고 식사 중에 읽히거나 찬송되어야 한다고 언급했다. 그 구체적인 설교문과 기도문 그리고 찬송가의 내용은 다음과 같다.

제1장 7월 24일, 가경자 비드(Bede the Venerable)의 설교: 성 야고보 축일 전야

제2장 7월 24일, 교황 칼릭스투스의 해설: 가장 신성한 전야의 금식과 예배

제3장 성 야고보 관련 성경 낭송에 대한 교황 칼릭스투스의 축복: 신의 은총이 우리에게

제4장 7월 25일, 성 야고보의 작은 수난: 가이우스 치세 4년

제5장 7월 25일, 성 야고보 수난에 대한 교황 칼릭스투스의 첫 번째 설교: 가장 성스러운 축제

제6장 7월 25일, 성 야고보 수난에 대한 교황 칼릭스투스의 두 번째 설교: 기쁨에 찬 영혼

제7장 7월 25일, 갈리시아의 성 야고보 수난에 대한 칼릭스투스의 해설: 한없이 애정어린 형제들이 우리에게

제8장 7월 25일, 갈리시아의 사도이자 제베대오의 아들인 야고보의 수난에 대한 가경자 비드의 해설: 주님은 우리의 구원자

제9장 7월 25일(성 야고보의 대수난), 성 야고보 대수난축일에 대한 교황 칼릭스투스의 서론: 주님의 승천 이후 우리 주 예수 그리스도의 제자들

제10장 7월 26일(성 야고보 팔일 축제 중 2일째), 성 히에로니무스의 첫 번째 해설: 사도에 대한 경건한 공경

제11장 7월 27일(성 야고보 팔일 축제 중 3일째), 성 히에로니무스의 두 번째 해설: 왜 베드로와 야고보인가

제12장 7월 28일(성 야고보 팔일 축제 중 4일째), 교황 칼릭스투스의 해설: 찬란하고 장엄함

제13장 7월 29일(성 야고보 팔일 축제 중 5일째), 성 히에로니무스의 해설: 성경 구절에 대한 해설

제14장 7월 30일(성 야고보 팔일 축제 중 6일째), 교황 그레고리우스의 해설: 사도이자 순교자이신 야고보의 탄생

제15장 7월 31일(성 야고보 팔일 축제 중 7일째), 주교 성 막시무스 혹은 교황 레오의 설교: 주님 안에서 사랑과 영광으로 기뻐함

제16장 7월 31일(성 야고보 팔일 축제 중 7일째), 성 히에로니무스와 성 막시무스의 설교: 장엄한 이날

제17장 12월 30일, 성 야고보의 선택과 유해이송 축일에 대한 교황 칼릭스투스의 설교: 공경의 날

제18장 1월 30일, 성 야고보가 주님에 의해 갈릴래아 바다에서 선택됨과 예루살렘에서 갈리시아로 이송됨을 경축하는 것에 대한 교황 그레고리우스의 설교: 친애하는 형제들이여 들어 보라

제19장 1월 30일, 성 야고보의 선택과 이송 축일에 대한 교황 칼릭스투스의 해설: 이 성스러운 축일

제20장 1월 5일(성 야고보의 유해이송 팔일 축제), 성 히에로니무스, 성

아우구스티누스, 교황 그레고리우스, 교황 칼릭스투스의 해설: 선택과 이송의 축일

제21장 7월 24일, 성 야고보 축일 전야와 대수난축일에 교황 칼릭스투스가 읽는 성경 구절: 우리 주 예수 그리스도의 종 야고보

제22장 7월 24일, 성 야고보 축일 전야에 교황 칼릭스투스가 찬송가 및 응답송과 더불어 하는 답가: 구세주께서 붙여 주신 이름

제23장 7월 25일(성 야고보 순교자 축일), 12월 30일(선택과 유해이송 축일), 교황 칼릭스투스가 성 야고보의 수난과 유해이송 축일을 위해 부르는 찬송가와 응답송으로서 복음서에서 나온 답가: 구세주는 조금 더 나아가셨다

제24장 7월 24일, 성 야고보 축일 전야에 교황 칼릭스투스가 부르는 미사: 야고보와 요한

제25장 성 야고보 축일 축제 행렬에서 부르기 위해 교황 칼릭스투스가 지은 시: 성 야고보 축일에 구원하소서

제26장 7월 5일, 성 야고보 수난일에 칼릭스투스가 말하는 미사: 예수께서 야고보를 부르시다

제27장 상기 칼릭스투스가 성 야고보 순례자들을 위해 말하는 미사

제28장 7월 27일-8월 1일, 성 야고보 팔일 축제 동안 각각의 축일에 부르는 7개의 미사

제29장 12월 30일, 성 야고보의 유해이송 축일에 교황 칼릭스투스가 읽는 성경 구절: 야고보가 신을 기쁘게 했다

제30장 12월 30일, 성 야고보의 유해이송 축일에 교황 칼릭스투스가 부르는 미사

제31장 성 야고보에 관한 것으로 가득 찬 샤르트르 주교 퓔베르의 미사: 우리 축복하세

❁ 『칼릭스투스 서책』 제2권 개요: 기적 이야기

제2권에는 성 야고보 및 산티아고 순례와 관련된 여러 가지 이야기가 실려 있다. 제2권 첫머리에 실려 있는 '교황 칼릭스투스의 요지문(Argumentum Beati Calixti Pape)'에 따르면 여기에 실린 이야기들은 교황이 유럽의 이곳저곳을 돌아다니며 수집한 것으로 되어 있다. 이 이야기들은 사도 야고보와 관련된 기적을 겪은 증인들로부터 교황이 직접 들었거나, 증인들로부터 직접 들은 사람들의 증언으로 이루어져 있으며, 그중에서도 믿을 만한 사람들이 한 이야기만을 고른 것이다.

1. 모압 사람에게 붙잡혔던 스무 명의 포로가 사도에 의해 풀려난 이야기
2. 성 야고보 제단에서 죄를 고백함으로써 신의 사랑을 다시 받게 된 이야기
3. 성 야고보가 오카 숲에서 살려낸 한 어린아이에 관한 이야기
4. 성 야고보가 하룻밤 사이에 시세 계곡으로부터 콤포스텔라 성당으로 로렌에서 온 서른 명과 죽은 그의 동료를 옮겨 준 이야기
5. 교수형을 당한 순례자를 36일 동안 성 야고보가 교수대에서 떠받쳐 준 이야기
6. 성 야고보가 당나귀의 모습으로 나타나 푸아티에 사람에게 도움을 준 이야기
7. 투구와 방패를 가진 프리슬란트 뱃사공이 바다에 빠졌을 때 성 야고보가 구해 준 이야기

8. 성 야고보가 익사를 면하게 해 준 주교에 대한 이야기
9. 성 야고보가 예루살렘 근처 타바리의 기사에게 군대를 주어 투르크인들을 물리치게 만들고, 그의 병을 고쳐주고 익사를 면하게 해 준 이야기
10. 성 야고보가 바다에 빠진 순례자를 건져내어 머리를 잡고 사흘 밤낮을 이끌어 항구에 도착한 이야기
11. 성 야고보가 감옥에서 빠져나오게 한 베르나르라는 사람의 이야기
12. 성 야고보가 작은 십자가를 얹어 살려낸 기사 이야기
13. 성 야고보가 라임베르투스(Raimbertus)라는 순례자의 이름으로 벌을 내린 달마치아의 기사 이야기
14. 감옥에 갇힌 한 상인을 구해 준 이야기
15. 동료들이 모두 목숨을 잃거나 포로가 되었을 때, 성 야고보가 보호해 준 어느 기사 이야기
16. 성 야고보가 한 여자의 배낭과 거지의 지팡이 덕분에 귀신이 씌어 죽어 가던 기사가 풀려난 이야기
17. 성 야고보를 사랑한 까닭에 악마에게 속아 자살했으나 성 야고보가 성모 마리아의 도움을 받아 살려낸 순례자 이야기
18. 성 야고보가 생질 백작에게 예배당의 철문을 열어 준 이야기
19. 성 야고보가 그리스의 주교 스테파누스에게 기사의 모습으로 나타나 그에게 새로운 정보를 준 이야기
20. 어느 백작이 기욤이라는 기사를 포로로 잡아서 칼로 목을 쳤으나 상처조차 나지 않은 이야기
21. 성 야고보가 성당에 나타나 건강을 되찾아 준 장애인에 관한 이야기
22. 시장에서 열세 번이나 팔려나간 바르셀로나 사람을 성 야고보가 매번 풀어 준 이야기

❁ 성인 명단

제8장에 소개된 성인들에 대한 설명으로, 가나다 순서로 되어 있다. 이름의 표기는 라틴어 표기를 맨 앞에 두었고, 그 다음에 가톨릭 사전에 올라 있는 우리말 표기를 부기하였으며, 경우에 따라 성인이 관련된 국가의 표기를 병기했다.[1]

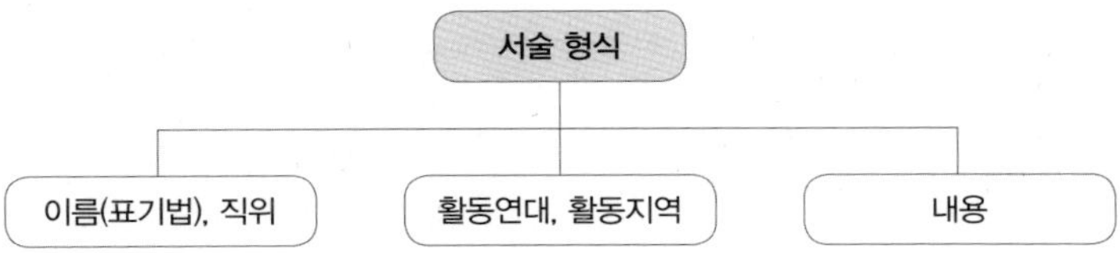

게네시우스(Genesius), **제네시오, [프] 제네스**(Genès), **순교자**

?-303년경, 프랑스 남부 아를(Arles).

게네시우스는 프랑스 남부 아를에 살던 필경사(筆耕士)인데, 예비신자로 있을 때 데키우스 황제로부터 그리스도교 박해를 명하는 칙서를 쓰라는 명령을 받았다. 이때 그는 자신이 그리스도인이므로 이 임무를 수행할 수 없다 하여 도망갔으나 곧 체포되어 론강 부근에서 참수형을 받고 순교하였다. 말하자면 그는 피로써 세례를 받은 셈이다. 그의 순교를 본 다른 기독

1 예를 들어, [프]는 프랑스어 표기, [에]는 에스파냐어 표기 등을 나타낸다.

교인이 그의 유해를 강 근처에 묻었는데, 이곳이 그 유명한 알리스캉 묘지이다.

길렐무스(Guillelmus), **빌리암, [프] 기욤 드 젤론**(Guillaume de Gellone), **수도원장**

755(?)-812(?)년, 프랑스 남부 젤론(Gellone).

젤론의 길렐무스 또는 아퀴텐의 길렐무스라고 불리는 인물로서 툴루즈의 백작이었다. 피핀 왕이 통치하던 시대에 프랑스 툴루즈의 백작에게서 태어난 길렐무스는 샤를마뉴의 사촌으로서 샤를마뉴의 궁정에서 중요한 인물이었다. 무훈시 「기욤의 노래」의 주인공이 바로 길렐무스이다. 기욤은 프랑스 남부 아퀴텐과 가스코뉴 그리고 이베리아반도에서 무슬림을 물리치는 데에 혁혁한 공을 세웠다. 804년 젤론에 자리를 잡고 수도원을 세웠는데 이곳이 오늘날의 생길렘르데세르이다. 프랑스 남부 언어인 오크어로 길렐무스는 길렘(Guilhem)이라 한다. 그는 예루살렘 총대주교로부터 성십자가를 전달받아서 샤를마뉴에게 전해주었다고 한다. 그는 1066년에 시성되었다.

도미니쿠스(Dominicus), **도미니코, [프] 도미니크 드 라 쇼세**(Dominique de la Chaussée), **[에] 도밍고**(Domingo de la Calzada), **은둔자**

1019-1109년경, 에스파냐 북부 산토도밍고 데 라 칼사다(Santo Domingo de la Calzada).

도미니쿠스는 에스파냐 부르고스 근처 빌로리아에서에서 태어났다. 젊어서 그는 베네딕투스 수도원에 입회하려고 여러 차례 시도했으나 무식하다는 이유로 번번이 거절당하였다. 그 후 그는 리오하 근방에 움막을 짓고 은수자로서 수도생활을 시작하였다. 그곳은 산티아고로 가는 순례자들의 통행로였으나 원시림이 무성하고 매우 위험한 곳이라 통행하는 사람들이 드물었다. 그는 이곳에 움막과 기도소를 짓고 살면서 원목을 베어내고 순례자들을 위해 길을 만들었다. 도미니쿠스는 1109년경에 운명하였으며, 그가 머물던 은둔소와 무덤에서 많은 기적이 일어나서 그 자체로 유명한 성지가 되었다.

디오니시우스(Dionysius), **디오니시오, [프] 드니**(Denis), **주교**

3세기, 프랑스 파리(Paris).

디오니시우스는 이탈리아 태생의 주교였으나 250년에 프랑스에 선교사로 파견되었고, 이때 여섯 명의 주교들이 프랑스로 갔다고 한다. 그는 파리의 초대 주교로 활약하였다. 그는 불과 몇 년을 선교하다가 자신의 사제인 성 루스티쿠스와 부제 성 엘레우테리우스와 함께 체포되어 투옥되었다. 이 세 성인은 데키우스 황제의 그리스도교 박해 때 파리 근교에서 참수되었는데 참수된 곳을 사람들이 몽마르트르, 곧 '순교자의 언덕'으로 불렀다. 이곳이 오늘날의 몽마르트르 거리이다. 그들의 유해는 센강에 던져졌으나 곧 찾아냈으며, 그들의 무덤 위에 성당을 지었는데 이곳이 그 유명한 생드니의 베네딕토 수도원이 되었다.

레오나르두스(Leonardus), **레오나르도, [프] 레오나르 드 노블라**(Léonard de Noblac), **수도원장**

?-559년, 프랑스 중부 리모주(Limoges) 근처 노블라.

레오나르두스는 서유럽에서 널리 알려진 성인이지만 그의 생애에 대한 기록은 거의 남아 있지 않다. 그는 귀족으로서 랭스의 성 레미에게서 세례를 받았는데, 국왕 클로비스가 대부였다고 한다. 또한 그의 부모는 프랑크 왕궁에서 최고의 지위에 있던 사람이었다고 한다. 그 후 그는 오를레앙으로 가서 얼마 동안 지내다가 리모주에서 과히 멀지 않은 곳에서 조그마한 움막을 짓고 은둔생활을 시작하였다. 그곳에는 왕의 사냥터와 숙소가 있었는데, 어느 날 클로비스 왕이 사냥을 왔을 때 왕비도 따라왔다. 그런데 갑자기 산통이 시작되어 왕비가 죽을 곤경에 빠졌으나 레오나르두스의 기도로 왕비는 목숨을 건지고 안전하게 아이를 낳았다. 이에 왕은 감사의 표시로 많은 토지를 하사하였고, 레오나르두스는 그곳에 노블라 수도원을 세웠다.

레오나르두스(Leonardus), **레오나르도, [프] 레오나르 드 코르비니**(Léonard de Corbigny), **수도원장**

?-570년경, 프랑스 중부 오툉(Autun)과 북부 방되브르(Vandoeuvre).

성 레오나르두스는 수도생활을 할 은둔지를 찾아 방랑하다가 프랑스 북서부에 있는 생레오나르데부아(Saint-Léonard-des-Bois)에 정착하였다. 그는 성 인노켄티우스와도 절친한 친구였으므로, 그의 지도를 받으려는 제자들이 많이 몰려와 금세 공동체를 이루게 되었다. 그는 자신을 제거하려고 하던 클로타르 왕을 오히려 회개시켰다고 한다.

로마누스(Romanus), **로마노, [프] 로맹 드 블레**(Romain de Blaye)

4세기, 프랑스 북부 르망(Le Mans)과 남서부 블레(Blaye).

이탈리아의 로마에서 태어난 로마누스는 프랑스 북부 르망의 초대 주교였던 삼촌 율리아누스의 부름으로 알프스산맥을 넘게 되었다. 로마누스는 율리아누스로부터 사제 서품을 받고 프랑스 서부 지롱드강 주변에 선교사로 파견되었다. 율리아누스 주교가 사망하자 로마누스는 르망으로 돌아왔다. 그는 마지막으로 로마를 방문한 후 블레에서 세상을 떠나 율리아누스 곁에 묻혔다.

롤랑,[2] **[프] 롤랑**(Roland), **[영] 오를란도**(Orlando), **기사**

?-778년경, 프랑스 남부 및 남서부.

롤랑은 보르도 근처 블레와 롱스보(론세스바예스)에서 공경의 대상이다. 전설에 따르면 롤랑은 그의 동료 올리비에, 주교 투르피누스와 함께 블레에 있는 생로맹 교회에 묻혔다고 한다. 다른 전설에 따르면 투르피누스 대신 올리비에의 누이이자 롤랑의 약혼자인 오드라벨의 유해가 묻혔다고도 한다. 블레에서 롤랑이 공경을 받는 이유가 유해가 묻혀 있기 때문이라면,

---

2 라틴어 표기는 Hruodlandus로서 '로들란두스' 또는 '로틀란두스'인데, 이는 프랑크인들의 언어를 라틴어로 전사한 것일 뿐 거의 사용되지 않는다.

롱스보는 그가 이슬람 교도와 싸우다 장렬히 전사한 곳이기 때문이다.

『칼릭스투스 서책』 제4권은 롤랑의 업적에 관한 내용을 담고 있다. 사라고사의 항복을 받아낸 이후 귀환길에 있던 샤를마뉴의 군대는 이슬람 군대(실제로는 바스크인들이었다고 한다)의 공격을 받았다. 샤를마뉴의 부하였던 롤랑은 샤를마뉴 황제가 퇴각할 시간을 벌어주기 위해 롱스보(론세스바예스)에서 도움을 요청하는 뿔피리를 불지 않고 스스로 죽음을 택했다. 마지막 순간에서야 롤랑은 뿔피리를 불었고 이를 들은 샤를마뉴는 군대를 이끌고 되돌아왔으나, 롤랑은 이미 죽은 뒤였다. 간신의 배신과 이교도들에 맞서 기독교를 위해 싸우다 죽은 롤랑은 천사들의 인도를 받아 천국으로 올라갔고, 샤를마뉴는 롤랑의 장례를 치른 뒤 이슬람에 대한 복수를 다짐한다. 롤랑의 이야기는 에스파냐에서 이루어진 재정복운동(reconquista)과 산티아고 순례를 활성화하는 데에 중요한 역할을 했다.

마르티누스(Martinus), **마르티노, [프] 마르탱 드 투르**(Martin de Tours), **주교**
316?-397년, 프랑스 중서부 투르(Tours).
헝가리 판노니아의 사바리아 태생인 마르티누스는 이교도 장교의 아들로 부모가 파비아(Pavia)로 전속될 때에는 열다섯 살이었는데, 이때 자신의 뜻과 달리 군대에 입대하게 되었다. 아미앵에서 지내던 337년 어느 추운 겨울날, 헐벗은 채 추위에 떨면서 성문에서 구걸하는 한 거지를 만난 마르티누스는 칼을 뽑아 자신이 걸치고 있던 망토를 반으로 잘라 거지에게 주었다. 그날 밤 밝은 광채와 함께 하느님이 나타났고, 이 일로 인하여 그는 기독교로 개종하였고 후일 성인이 되었다. 이 체험 후 마르티누스는 열여덟 살 때 세례를 받고 군대에서 제대한 후 푸아티에의 힐라리우스를 찾아가 사제 서품을 받았다.

360년경 그는 푸아티에의 주교인 성 힐라리우스의 도움을 받아 리귀제에 갈리아 최초의 수도원을 세웠다. 이곳에서 10년을 지낸 어느 날 그는 여러 차례 사양한 끝에 투르의 주교로 임명되었다.

마리아 막달레나(Maria Magdalena), **[프] 마리 마들렌**(Marie Madeleine), **예수의 제자**

1세기경, 팔레스타인.

'막달레나'는 '죄 중에 있음'을 의미한다. 이 말은 그녀가 회심하기 이전에 어떤 삶을 살았는지를 말해 준다. 전설에 따르면, 엄청난 부자로서 쾌락을 즐기던 그녀는 하느님의 뜻에 이끌려 예수를 보게 되었다. 그녀는 감히 의인들과 섞일 수 없어서 예수의 뒤에서 눈물로 그 발을 씻긴 뒤 자기 머리카락으로 닦고, 값비싼 향유를 주님의 머리에 부었다. 그리하여 서방교회의 전승에서는 마리아 막달레나를 '용서받은 죄 많은 여자'로 보고 통회와 관상(觀想)의 이상적인 모델로 믿어 왔다.

중세의 전설 속에서는 마리아 막달레나가 사도 요한과 약혼한 사이였다고도 한다. 요한은 그녀를 아내로 맞을 작정이었는데, 예수가 요한을 제자로 삼음으로써 결혼할 수 없게 되었다는 것이다. 막달레나는 자신의 배우자를 빼앗긴 것에 분개하여 모든 종류의 방탕에 몸을 던졌으나, 주님은 그녀가 마음을 돌려 참회하도록 만들었다고 한다. 성령 강림 후 마리아 막달레나는 성 요한과 함께 에페수스로 가서 전교(傳敎)하다가 그곳에 묻혔다고 한다. 또 다른 전설에 따르면 마리아 막달레나는 성 라자루스를 비롯한 동료들과 함께 마르세유로 가서 복음을 전파하다가 순교했다고도 한다.

모데스투스(Modestus), **모데스토** ☞ 플로렌티아 참조.

사투르니누스(Saturninus), **사투르니노**, **[프] 세르냉**(Sernin), **주교**

?-257년, 프랑스 남부 툴루즈(Toulouse).

사투르니누스는 프랑스 툴루즈의 선교사이며 초대 주교로서 산티아고 순례길에서 중요한 성인이다. 250년경 그가 툴루즈에 왔을 때 툴루즈에는 이교숭배가 성행하고 있었고, 이러한 환경에서 그는 설교와 기적으로 수많은 우상 숭배자들을 개종시켰다. 사투르니누스가 툴루즈에 도착한 이후 이교도 신전의 신들이 반응하지 않게 되자, 이교도 중 하나가 사투르니누스를 죽여야 한다고 나섰다. 이교도들은 사투르니누스를 황소 다리에 묶은 다음, 황소가 신전 꼭대기에서 밑바닥까지 내려오도록 하여 사투르니누스의 두개골이 깨지고 뇌수가 쏟아졌다. 여인 둘이 그의 시신을 모아 깊은 동굴 속에 감춰두었다가, 후에 생세르냉 성당에 안장하여 '세르냉'으로도 불린다.

세베리누스(Severinus), **세베리노, [프] 쇠랭**(Seurin), **주교**
?-420년경, 프랑스 남부 보르도(Bordeaux).
보르도의 주교로서 수많은 기적 덕택에 보르도의 수호성인으로 공경받고 있다. 그는 보르도 출신으로 아리우스 이단을 철저히 분쇄하고자 노력했다. 『로마 순교록』에는 보르도의 세베리누스와 쾰른의 세베리누스를 동일 인물로 적고 있으나 신빙성이 부족하다.

에보르티우스(Evortius), **에보르시오, [프] 외베르트**(Euverte), **주교**
4세기, 프랑스 중부 오를레앙(Orléans).
에보르티우스는 프랑스 오를레앙의 4대 주교였다. 그는 원래 로마에서 부제로 있다가 형제를 찾으러 갈리아로 갔다. 오를레앙에 도착했을 때가 마침 주교를 선출할 때였는데, 비둘기가 그를 가리켜 주교로 선출되었다. 주교가 된 지 1년이 지났을 무렵, 도시에 화재가 발생하자 그는 기도로 불을 껐다. 그 보답으로 주민들은 교회 증축을 도와 기초공사를 하던 중 금이 든 항아리를 발견했다. 에보르티우스는 그것을 로마 황제에게 보냈고, 황제는 그 금의 3배에 해당하는 돈을 에보르티우스에게 되돌려 보냈다. 이리하여 오를레앙에 새로운 십자가 형태의 성당(생트크루아 성당)이 세워졌으며 그 성당에 에보르티우스의 유해가 안치되어 있다.

에우트로피우스(Eutropius), **에우트로피오, [프] 외트로프**(Eutrope), **주교**
3세기경, 프랑스 서부 생트(Saintes).
에우트로피우스는 프랑스 서부 보르도 근처에 있는 생트의 초대 주교였다. 전하는 바에 따르면 그는 원래 로마 출신이라고도 하고 페르시아 사람이라고도 하는데, 1세기에 교황 클레멘스 1세가 갈리아에 복음을 전하도록 파견했다고도 하고, 3세기에 교황 파비아누스가 파견했다고도 한다. 그러나 3세기에 파견되었다는 주장은 그 시기에 주교좌로 인정받았기 때문인 것으로 보이며, 1세기의 인물로 더 널리 알려져 있다.

에우트로피우스는 교황 클레멘스 1세에 의해 로마에서 파견되어 복음을 전하던 사람이었다. 처음에 그는 산속 동굴에 은수자 생활을 했다. 그가 이 지역 선교에 성공을 거둘 수 있었던 것은 이 지방을 다스리던 로마 총독의 딸인 에우스텔라를 개종시키고 세례를 주었기 때문이었다. 에우스텔라의 아버지가 그 사실을 알고는 에우트로피우스를 살해하도록 지시하였다. 에우트로피우스가 도끼에 맞아 순교하자 에우스텔라는 그가 살던 방에서 기도에 전념하면서 일생을 보냈다고 한다. 590년경 생트의 주교 팔라디우스가 그의 유해를 생트의 성당에 모셨다.

에지디우스(Aegidius), **에지디오, [프] 질**(Gilles), **생 질**(Saint Gilles), **수도원장**
8세기, 프랑스 생질(Saint-Gilles).
에지디우스는 중세 서방 교회에서 널리 공경을 받던 성인 중 한 사람이지만 그의 생애에 대해서는 별로 알려진 것이 없다. 그에 관하여 확실히 밝혀진 부분은 7세기 초에 태어나 서고트족의 왕 왐바(Wamba, 672-680)의 도움으로 프로방스 지역 아를 근처의 훗날 '생질'이라 불리게 되는 마을에 수도원을 설립하고, 오직 하느님과 대화하면서 고독 속에서 은수자로 생활했다는 사실뿐이다.

전설에 따르면 에지디우스는 아테네의 귀족 출신으로서 어린 시절부터 경건 서적으로 교육을 받았다고 한다. 그가 교회에 가던 중 병자에게 외투를 주었더니 그 병자가 나았다든가, 뱀에게 물린 남자를 위해 기도하자 독이 없어졌다든가, 귀신 들린 남자를 치료했다든가 하는 기적에 대한 소문이 나서 수많은 사람들이 몰려들자 아테네를 떠나 멀리 피신하였다. 그는 2년 동안 아를에서 성 카이사리우스와 함께 지냈고, 론강 하구에서 은수자 생활을 하면서 사슴 젖을 먹고 살았다고 한다.

한 번은 서고트족의 왕 왐바가 일행을 이끌고 사냥을 나갔는데, 그는 사슴을 보고 사냥개로 하여금 쫓게 하였다. 사슴은 에지디우스에게 달려갔고, 에지디우스는 하느님께 기도를 올렸다. 그랬더니 개들이 사슴에게 접근하지 못했고 사냥꾼들은 돌아갈 수밖에 없었다. 다음날 왕이 직접 사냥꾼을 데리고 왔는데, 그들 중 경솔한 사냥꾼 한 명이 사냥감에게 화살을 쏘았다. 명중시키고 달려가 보니 사슴을 대신하여 에지디우스가 화살을 맞고 쓰러져 있었다고 한다. 왕은 이를 애통히 여기고 그를 위해 의사와 많은 재물을 보냈으나 에지디우스는 이를 거절하고 그 재물을 수도원을 짓는 데 사용할 것을 제안했다. 왕은 에지디우스의 뜻을 받아들여 베네딕토회 수도원을 짓고 에지디우스에게 원장을 맡아 줄 것을 간청했다. 에지디우스는 왕의 눈물과 애원에 이를 수락했다. 에지디우스의 높은 덕을 흠모한 국왕까지 그에게 고해성사를 받을 정도로 그의 명성은 날로 높아만 갔다. 에지디우스는 720년에서 725년 사이에 사망한 것으로 여겨진다. 그는 불구자와 걸인들의 수호성인으로 알려져 있다.

요한, 세례자(Johannes Baptista), **[프] 생 장 바티스트**(Saint Jean Baptiste), **예언자**

?-29년경, 팔레스타인.

세례자 요한은 예루살렘 성전의 사제인 자카리아스와 성녀 엘리자베트 사이에서 태어났다. 그는 가브리엘 천사의 탄생 예고를 통해 그동안 수태하지 못하던 엘리자베트에게 잉태되었다. 서기 27년경까지 유대 사막에서 은둔자로 살다가 서른 살이 되자 요르단 강가에서 설교하며 세례를 베풀었다. 그리고 예수께서 그에게 세례를 받으려고 오실 때 그분이 메시아임을 알아보고 자신이 오히려 예수에게 세례를 받아야 한다고 했지만, 예수의 결심이 확고하여 그에게 세례를 베풀었다고 한다. 그 뒤에도 그는 요르단 계곡에서 설교를 계속하였다. 복음서에는 세례자 요한이 헤로데 왕실의 도덕적인 부패를 비판했다가 살로메 어머니의 농간으로 처형된 것으로 되어 있다. 하지만 역사가들은 세례자 요한이 민중들에게서 받고 있는 엄청난 인기가 반란으로 이어질 것을 두려워하여 숙청한 것으로 보고 있다. 세례자 요한의 탄생 대축일은 6월 24일이고, 수난 기념일은 8월 29일이다.

이시도루스(Isidorus), **이시도로, [프] 이시도르**(Isidore de Séville), **주교, 교회학자**

560?-636년, 세비야(Sevilla).

이시도루스는 위대한 교부의 시대의 마지막을 장식한 사람이다. 그는 에스파냐의 카르타헤나로 이주한 로마 귀족 가문에서 560년경 4남매 중 막내로 태어났다. 큰형 레안드루스, 누나 플로렌티나, 작은형 풀겐티우스, 그리고 이시도루스 등 4남매는 모두 성인과 성녀로 시성되었다. 레안드루스의 영향을 받아 어린 시절과 청소년 시절을 주로 수도원과 세비야 주교좌 학교에서 보냈다. 그는 다양한 분야의 학문적 소양을 쌓으며 탁월한 재능을 갖추게 되었다. 형 레안드루스가 600년경 사망하자 그 뒤를 이어 세비야의 대주교가 된 이시도루스는 형의 과업을 이어받아 서고트족을 아리우스파에서 개종시키고 에스파냐에 가톨릭 교회를 재건하는 데 전력하였다. 이를 위해 그는 여러 차례 공의회를 개최하였는데, 그중 619년의 세비야 공의회와 633년의 톨레도 공의회가 대표적이다. 무엇보다도 그의 위대한 학문적 업적은 전 20권으로 구성된 백과사전 『어원』이라고 할 것이다. 이 책은 중세 내내 지식인들의 가장 중요한 자료로 사용되었다.

이시도루스는 1598년 교황 클레멘스 8세에 의해 시성되었고, 1722년 교황 인노켄티우스 13세에 의해 교회학자로 선포되었다. 오늘날에는 백과사전에 관한 그의 업적을 높이 평가하여 2000년대 중반 교황청에 의해 인터넷의 수호성인으로 선포되었다.

카이사리우스(Caesarius), **체사리오, [프] 세자르**(Césaire), **주교**

469/470-542년, 프랑스 남부 아를(Arles).

카이사리우스는 469년경 갈리아 지방의 샬롱쉬르손(Chalon-sur-Saône)에서 태어났다. 그는 열여덟 살 때 샬롱 주교 실베스테르의 인도로 수도생활을 시작했다. 2년 뒤 레랭섬의 수도원에 입회하였으며, 포도주 창고 관리인으로 선발되었다. 그러나 학문에 너무 정진한 나머지 건강이 약해지자 치료를 받기 위해 아를로 갔다. 그는 아를에서 문법학자이자 수사학자인 포메리우스 밑에서 공부하고 에오니우스로부터 부제품과 사제품을 받은 이후,

498년경 수도원장이 되었다.

수도원에서 3년 정도 생활하던 카이사리우스는 에오니우스 주교가 사망한 지 몇 달 뒤인 502년 12월에 주교로 선출되어 542년까지 아를의 대주교로 갈리아 남부 지역 교회 운영의 중책을 맡았다. 이때부터 카이사리우스는 수많은 개혁운동을 벌였다. 특히 그는 529년 오랑주에서 개최된 종교회의에서 반(半)펠라기우스설(Semi-Pelagianism)을 단죄한 것으로 유명하다. 그 밖에도 여러 차례 종교회의를 개최하여 아리우스파를 공격하고 삼위일체설을 옹호했다. 또한 이 종교회의의 회의록은 메로빙 왕조의 교회법의 근거가 되었다. 그는 자신의 동생인 성녀 카이사리아와 함께 수도원을 세우고 『수녀들을 위한 규칙서』를 썼다. 그의 설교는 매우 훌륭하여 프랑스, 에스파냐, 이탈리아 등지에서 그의 설교집을 받아갈 정도였다.

카이사리우스는 507년까지는 서고트족의 영향 아래, 그 이후부터 536년까지는 동고트족의 통치 아래, 그리고 이후에는 프랑크족의 통치 아래에서 정치적·종교적으로 도전을 받았으나 아를의 주교좌를 확고히 지켜냈다. 537년 프랑크족이 아를을 점령한 후에는 성 요한 수도원에서 생활하다가 운명하였다.

카프라시우스(Caprasius), **카프라시오, [프] 카프레**(Caprais), **주교**

3세기, 프랑스 남서부 아장(Agen).

카프라시우스의 생애에 관한 이야기는 성녀 푸아에 관한 순교 이야기의 일부로 나온다. 전설에 따르면 카프라시우스는 프랑스 남부에 있는 아장이라는 도시의 첫 번째 주교였다고 하지만, 그 진위는 다소 의심스럽다. 성녀 푸아의 이야기에 등장하는 그의 이야기는 다음과 같다. 그는 디오클레티아누스 황제의 박해를 피하여 동굴로 숨었다가 성녀 푸아의 장렬한 순교를 목격하고 하느님의 위대한 섭리를 깊이 깨닫게 된다. 총독 다키아누스가 신앙을 버리라고 요구했으나, 그는 단호히 거부했다. 그 뒤 형리들에게 인계되었는데 형리들도 그의 신앙심에 오히려 감명을 받았다고 한다. 그는 프리무스와 펠리키아누스 형제 등과 더불어 순교하였다.

클레멘스(Clemens) **1세, [영] 클레멘트**(Clement), **[프] 클레망**(Clément), **교황**
30(?)-101(?), 이탈리아 로마.
클레멘스는 로마 귀족 가문에서 태어났다. 전설에 의하면 그는 성 베드로에게 세례를 받았다고 한다. 그는 91년경에 제4대 교황이 되었고 황제 주변 인물들을 개종시켰으나, 트라야누스 황제에 의하여 흑해 연안으로 귀양을 갔고, 그곳의 광산에서 일하는 노동 죄수들에게 열렬히 설교하여 많은 개종자를 얻었으나 그로 인해 사형을 언도받았다. 그는 목에 닻을 달고 바다에 던져져 순교하였다. 순교 당시 그의 시신을 보게 해달라는 제자들의 기도에 바닷물이 5킬로미터나 뒤로 물러났는데, 그 일은 매년 클레멘스의 순교일에 일어난다고 한다. 대부분의 학자들이 그를 신약성서 고린도서의 저자로 인정하고 있다.

트로피무스(Trophimus), **트로피모, [프] 트로핌**(Trophime), **성인, 고백자**
3세기경, 프랑스 남부 아를(Arles).
트로피무스는 아를의 초대 주교로 추정된다. 그의 이름은 그리스식이지만, 그것이 그의 출신을 말하는 것은 아니다. 당시 지중해 일대에는 그리스식 이름을 짓는 경우가 많았기 때문이다. 따라서 그가 에페수스 출신이라는 전승도 있지만 그보다는 아를 출신이었을 가능성이 높다. 그는 3세기 중반 다른 선교사들과 함께 갈리아에 파견된 것으로 보인다. 5세기 중반 아를 지방에서 만들어진 전설은 그를 사도행전에 바오로의 동행인으로 나오는 트로피무스와 혼동하고 있다.

티베리우스(Tiberius), **티베리오** ☞ 플로렌티아 참조.

파쿤두스(Facundus), **[에] 파쿤도**(Facundo), **순교자**
4세기, 에스파냐 북부 사아군(Sahagún).
에스파냐 레온 태생의 성 파쿤두스는 성 프리미티부스와 함께 에스파냐 북부 레온에 있는 세아강 변에서 참수형을 받고 순교하였다. 전설에 따르면 참수 당시 그의 목에서 피와 함께 우유가 나왔다고 하며, 천사가 내려와서 왕관을 씌워 주었다고도 한다. 이 두 순교자를 기리기 위해 베네딕트 수도원이 세워졌고 이 수도원을 중심으로 사아군이라는 도시가 형성되었다. 샤를마뉴가 북부 에스파냐로 확장했을 때 사아군이 경계선이었다고 한다.

프론투스(Frontus), **프론토, [프] 프롱**(Front), **주교**

1세기, 프랑스 남서부 페리괴(Périgueux).

프랑스 남서부 페리괴의 첫 번째 주교이며 주로 페리괴를 비롯한 도르도뉴에서 공경의 대상이 되었던 인물이다. 그는 도르도뉴 지방의 랑케 출신으로 기독교 집안에서 태어났다. 고향에서 은둔 생활을 하다가 박해를 받자 이집트로 떠났는데, 돌아오는 중에 로마에서 베드로에 의해 페리괴 주교로 임명되었다. 성 게오르기우스와 함께 프랑스로 향하던 중 게오르기우스가 죽자 로마로 되돌아가서 베드로의 도움으로 그를 살려냈다. 이를 본 이교도들이 개종했고, 그중 일흔 명이 프론투스의 제자로서 그와 함께 페리괴 지방으로 선교를 떠났다. 페리괴에 오자마자 로마 총독 스퀴리우스가 박해를 했고, 이를 피해 은신하였다. 배고픔을 겪는 프론투스와 제자들에게 스퀴리우스가 먹을 것을 보냈는데, 이를 돌려보내자 스퀴리우스가 직접 프론투스에게 찾아와서 기독교로 개종을 했다고 한다. 다른 전승에 따르면 프론투스는 예수의 일흔두 제자 중 한 사람이었다고 한다.

프리미티부스(Primitivus), **프리미시보** ☞ 파쿤두스 참조.

플로렌티아(Florentia), **플로렌시아(성녀), [프] 생트 플로랑스**(Sainte Florence d'Agde), **순교자**

?-303년경, 프랑스 남부 악드(Agde).

성녀 플로렌티아(또는 플로렌시아)는 디오클레티아누스 황제의 그리스도교 박해 때 프랑스 몽펠리에 교구의 악드에서 순교하였다. 그녀는 성 티베리우스와 성 모데스투스가 고문을 당한 후 순교하는 것을 보고, 그 자리에서 개종하고 순교 대열에 합류했다. 그녀의 유해는 몽펠리에 근처 팔라바레플로(Palavas-les-Flots)라는 마을의 생피에르 성당에 안치되어 있다.

피데스(성녀)(Sancta Fides), [프] 생트 푸아(Sainte Foy), [에] 산타페(Santa Fe), [영] 세인트 페이스(Saint Faith), 순교자

3세기 후반, 프랑스 남서부 아장(Agen).

성녀 피데스는 디오클레티아누스 황제가 그리스도교를 박해할 때, 벌겋게 달군 놋쇠 위에서 고문을 받다가 순교하였다. 순교한 해는 287년에서 290년 사이라는 설도 있고 303년 대규모 박해 때라는 설도 있다. 9세기경에 프랑스 남서부 콩크 수도원의 한 수도사가 악드에 있는 그녀의 유해를 훔쳐서 콩크 수도원으로 가져왔다고 한다. 그 이후 성녀 피데스의 유해는 이 수도원에 안치되어 있다. 성녀 피데스의 처형 장면을 본 성 카프라시우스 역시 순교했다고 한다.

호노라투스(Honoratus), 호노라토, [프] 오노라(Honorat), 주교

375(?)-429년, 프랑스 남부 아를(Arles).

호노라투스는 로마의 유력 가문 출신으로 갈리아에서 태어났다. 그는 어린 시절에 그리스도교로 개종한 뒤, 형제 베난티우스 및 스승 카프라시우스와 함께 그리스로 떠났다. 그런데 그곳에서 베난티우스가 죽고 자신도 병에 걸리자 프랑스의 프로방스 지방으로 돌아왔다. 그리고 410년경 칸 근처 레랭섬에 은둔소를 세우고 트루아의 성 루푸스, 리옹의 성 에우케리우스, 아를의 성 힐라리우스 등과 함께 수도생활을 시작했다. 이것이 유명한 레랭섬 수도원의 시작이었다. 그는 427년에 프랑스 아를의 주교로 선출되었으나 얼마 후에 운명하여 알리스캉 묘지에 묻혔다.

힐라리우스(Hilarius), 힐라리오, [프] 일레르(생틸레르)(Saint-Hilaire), 주교, 교회학자

310?-368년(?), 프랑스 중부 푸아티에(Poitiers).

힐라리우스라는 이름은 '즐거운'이라는 뜻을 가지고 있다고 한다. 힐라리우스는 프랑스 남부 아퀴타니아 출신으로서 처음에는 결혼하여 딸을 하나 두고 있었다. 그러나 어느 한 평신도의 인도로 수도생활을 시작하여 350년경에 푸아티에 교구의 주교가 되었다. 힐라리우스는 강력하게 아리우스 이단을 배격하였다. 이 때문에 그는 서방 교회의 아타나시우스로 공경을 받았다. 『삼위일체론』, 『공의회에 대해서』 등의 저서가 있으며, 아우구스티누스에게 큰 영향을 끼쳤다. 그는 368년경에 세상을 떠났으며, 1851년 교황 비오 9세는 그를 교회학자로 선포하였다.

❁ 지명 목록

가스코뉴	Gascogne
갈리시아	Galicia
고소	Gozo (M.)
나다베르	Naddaver
나바라	Navarra
나헤라	Nájera
낭투아	Nantua
노블라	Noblat
님	Nîmes
라라소아냐	Larrasoaña
라바날	Rabanal
라바멘툴라	Lavamentula (R.)
랑드	Landes
레데시야	Redecilla
레보레이로	Leboreiro
레온	León
로그로뇨	Logroño
로르카	Lorca
로스아르코스	Los Arcos
론	Rhône (R.)
론세스바예스, 롱스보	Roncesvalles, Roncevaux
루나	Runa (R.)

르퓌	Le Puy
리나레스	Linares
리모주	Limoges
리무쟁	Limousin
리옹	Lyon
마르세유	Marseille
만시야	Mansilla
메리다	Merida
몬레알	Monreal
몰리나세카	Molinaseca
몽주	Mont-Joux
몽펠리에	Montpellier
무아사크	Moissac
미뇨	Miño (R.)
바르바델로	Barbadelo
바스크	Basque
바욘	Bayonne
발베르데	Valverde
발카르세	Valcarce
발카를로스	Valcarlos
베르네스가	Bernesga (R.)
베즐레	Vézelay
베타니아	Bethania
벨로라도	Belorado
보르도	Bordeaux
보르세	Borce
부르고스	Burgos
부르비아	Burbia (R.)
블랭	Belin

블레	Blaye
비스카레트	Viscarret
비스카야	Bizkaia
비야노바	Villanova
비야로야	Villaroya
비야우스	Villaus
비야프랑카	Villafranca
빌뇌브	Villeneuve
사라신	Sarracín
사렐라	Sarela (R.)
사르	Sar (R.)
사아군	Sahagún
산미겔	San Miguel
산토도밍고	Santo Domingo
산티아고데보엔테	Santiago de Boente
살라데라레이나	Sala de la Reina
살라도	Salado (R.)
생레오나르	Saint-Léonard
생미셸	Saint-Michel
생베르나르	Saint-Bernard
생센	Saint-Seine
생장당젤리	Saint-Jean d'Angély
생장드소르드	Saint-Jean-de-Sorde
생질	Saint-Gilles
생질뒤가르	Saint-Gilles du Gard
생통주	Saintonge
생트	Saintes
생포르셰르	Saint-Porchaire
샤말리에르	Chamalières

세브레로	Cebrero (M.)
세아	Cea (R.)
시세	Cize
실	Sil (R.)
아라곤	Aragón
아르가	Arga
아를	Arles
아스토르가	Astorga
아스프	Aspe
아타푸에르카	Atapuerca
알라바	Alava
앙젤리	Angély
앙주	Anjou
에가	Ega (R.)
에로	Hérault (R.)
에브로	Ebro (R.)
에스테야	Estella
에슬라	Esla (R.)
엑스	Aix
엘세브레로, 오세브레이로	El Cebrero, O Cebreiro
오랑주	Oranges
오르니요스델카미노	Hornillos del Camino
오르비고	Orbigo
오세르	Auxerre
오스타바	Ostabat
오스투리트	Osturit
오카	Oca
이라고	Irago (M.)
이테로	Itero (R.)

이테로델카스티요	Itero del Castillo
젤론	Gellone
카르타헤나	Cartagena
카리온	Carrión
카리온데로스콘데스	Carrión de los Condes
카스타녜다	Castañeda
카스트로데로스후디오스	Castro de los Judios
카스트로헤리스	Castrogeriz
카스티야	Castilla
카카벨로스	Cacabelos
칸프랑크	Canfranc
칼데아	Chaldea
코르비니	Corbigny
코탕탱	Cotantin
콤포스텔라	Compostela
콩크	Conques
쿠아	Cua (R.)
쿠에바스	Cuevas
타르다호스	Tardajos
타보르	Tabor (M.)
토레스	Torres
토리오	Torio (R.)
투렌	Touraine
투르	Tours
툴루즈	Toulouse
트랭크타유	Trinquetaille
트리아카스텔라	Triacastela
티에르마스	Tiermas
팔라스데레이	Palas de Rei

팜플로나	Pamplona
페레이로스	Fereiros
페리괴	Périgeux
포르드시세	Port-de-Cize
포르마	Porma (R.)
포르토마린	Portomarin
폰페라다	Ponferrada
푸아투	Poitou
푸아티에	Poitiers
푸엔테라레이나	Puente la Reina
프로미스타	Fromista
프리지아	Frisia
피수에르가	Pisuerga (R.)
하카	Jaca

❁ 참고문헌

1차 사료

Gicquel, Bernard, *La Légende de Compostelle: le Livre de saint Jacques*, Paris: Tallandier, 2003(프랑스어 번역본).

Herbers, Klaus and Manuel Santos Noia, *Liber sancti Jacobi: Codex Calixtinus*, Santiago de Compostela: Xunta de Galicia, 1998(라틴어본).

Melczer, William, *The Pilgrim's Guide to Santiago de Compostela*, New York: Italica Press, 1993(영어 번역본).

Record, Michel, *Le guide du pèlerin: Codex de Saint-Jacques-de-Compostelle attribué à Aymeri Picaud (XIIe siècle)*, Toulouse: Editions Sud Ouest, 2006(프랑스어 번역본).

Stones, Alison, et al., *The Pilgrim's Guide to Santiago de Compostela: A Critical Edition*, London: Harvey Miller Publishers, 1998(라틴어본 및 영어 번역본).

Vielliard, Jeanne, *Le Guide du Pèlerin de Saint-Jacques de Compostelle*, Paris: Librairie Philosophique J. Vrin, 2004(라틴어-프랑스어 대역본).

Whitehill, Walter, *Liber Sancti Jacobi, Codex Calixtinus*, Santiago de Compostela: Seminario de Estudios Gallegos, 1944(라틴어본).

2차 사료

Birch, Debra, *Pilgrimage to Rome in the Middle Ages: Continuity and Change (Studies in the History of Medieval Religion)*, New York: Boydell Press, 1998.

Davey, Francis, *The Itineraries of William Wey*, Bodleian Library, University of Oxford, 2010.

Duby, Geoges, *The Age of the Cathedrals*, Chicage: University of Chicago Press, 1981.

Gitlitz, D. M. and L. K. Davidson, *The Pilgrimage Road to Santiago: The Complete Cultural Hadbook*, New York: St. Martin's Griffin, 2000.

Martineaud, Sophie, *Le Livre d'or de Compostelle: Légendes et récits de pèlerins du Moyen Age à nos jours*, Paris: Bayard, 2004.

Ohler, Norbert, *The Medieval Traveller*, New York: Boydell Press, 1989.

Péricard-Méa, Denise, *Compostelle et cultes de saint Jacques au Moyen Age*, Paris: Presses Universitaires de France, 2000.

Péricard-Méa, Denise, *Les pèlerinages au Moyen Age*, Paris: Editions Gisserot, 2002.

Péricard-Méa, Denise, *Les routes de Compostelle*, Paris: Editions Gisserot, 2002.

Péricard-Méa, Denise, *Dictionnaire de Saint Jacques et Compostelle*, Paris: Editions Gisserot, 2006.

Péricard-Méa, Denise, *Le Matamore: Mythe, images et réalités*, Paris: Editions La Louve, 2011.

Péricard-Méa, Denise, *Récits de pèlerins de Compostelle*, Paris: Editions La Louve, 2011.

Péricard-Méa, Denise, *Le voyage de Jean de Tournai: De Valenciennes à Rome, Jérusalem et Compostelle (1488-1489)*, Paris: Editions La Louve, 2012.

Régnier-Bohler, Danielle, *Croisades et pèlerinages*, Paris: Robert Laffont, 1999.

Seki, Tetsuyuki, "Pilgrimage to Santiago de Compostela and the Supporting Network", 『서양중세사연구』 23(2009): 207-233.

Sumption, Jonathan, *The Age of Pilgrimage: The Medieval Journey to God*, New York: Paulist Press, 2003.

김재현, 「중세기독교 순례와 도시의 발전」, 『서양중세사연구』 21(2008): 207-244.

마르코 폴로, 『동방견문록』, 김호동 옮김, 사계절, 2006.
박동찬, 「생쟈크 드 콩포스텔르(Saint-Jacques-de-Compostelle)로의 순례여행에 관하여」, 『프랑스어문교육』 15(2003): 343-361.
박동찬, 「'코덱스 칼릭스티누스'의 제5권 '순례자의 가이드'에 대하여」, 『인문논총』(서울여자대학교 인문과학연구소) 12(2004): 39-64.
박동찬, 「『코덱스 칼릭스티누스』(Codex Calixtinus)의 제1권에서 3권까지: 중세 그리스도교 신앙에 대한 한 연구」, 『인문논총』(서울여자대학교 인문과학연구소) 13(2005): 15-35.
박동찬, 「마리즈 루이의 순례여행 소설 『콩포스텔르의 이름으로』: 소설을 통해 본 중세 프랑스 사회의 종교와 문화」, 『프랑스어문교육』 24(2007): 379-399.
박동찬, 「『코덱스 칼릭스티누스』(Codex Calixtinus)의 제4권 『뛰르팽 주교에 의한 샤를마뉴 대제와 롤랑의 이야기』와 무훈시 『롤랑의 노래』」, 『인문논총』(서울여자대학교 인문과학연구소) 16(2007): 75-90.
박성은, 「새로운 대중매체로서의 팀파눔 조각 연구」, 『미술사논단』 24(2007): 293-311.
조르주 뒤비, 『중세의 예술과 사회』, 김웅권 옮김, 동문선, 2005.
최정오, 『가톨릭 성인 사전』, 작은예수, 1986.
패트릭 기어리, 『거룩한 도둑질』, 유희수 옮김, 길, 2010.
피터 브라운, 『성인 숭배』, 정기문 옮김, 새물결, 2002.

❁ 찾아보기

[ㅇ]

[ㅎ]

『산티아고 순례 안내서』는 『칼릭스투스 서책』의 일부로서, 이 책에는 칼릭스투스와 에므리 피코의 이름이 표기되어 있다. 대체로 이 두 사람이 『칼릭스투스 서책』 전체를 편집한 것으로 간주되고 있다. 다만 최근 연구에 따르면 『칼릭스투스 서책』의 제5권인 『산티아고 순례 안내서』를 작성한 사람은 베즐레의 수도사 위그 르 푸아트뱅이라고 한다.

칼릭스투스 2세(Calixtus II 또는 Callistus II, ?-1124)

제162대 교황으로, 본명은 기 드 부르고뉴(Guy de Bourgogne)이며 부르고뉴 백작 가문 출신이다. 비엔 주교를 거쳐 1119년 클뤼니로 피신해 있던 교황 겔라시우스 2세가 사망하자 그 뒤를 이어 교황(재위 1119-1124)으로 선출되었다. 그는 세속권력과 교회권력의 투쟁의 상징인 서임권투쟁을 보름스 협약으로 일단락 지었다. 또한 라테라노 공의회를 통해 성직매매와 성직자의 결혼을 금지하는 조치를 취하였다. 칼릭스투스 2세는 이러한 협약과 조치들을 통해 교황권 강화에 힘썼다.

에므리 피코(Aimery Picaud 또는 Aymeric Picaud, 12세기)

프랑스 서부 푸아투 출신의 수도사로서 교황의 문서관리관을 역임했다. 그는 여러 성지를 돌아다니며 자료를 수집한 것으로 알려져 있으며, 이를 바탕으로 성지와 성지를 연결하는 네트워크를 구성하려 했다. 그의 이러한 생각이 반영된 것이 『산티아고 순례 안내서』이다.

위그 르 푸아트뱅(Hugues le Poitevin)

프랑스 중부에 있는 베즐레(Vézelay) 수도원의 수도사로 『베즐레 연대기』의 저자.

박용진(朴容進)

서울대학교 서양사학과를 졸업하고 같은 학교 대학원에서 석사학위와 박사학위를 받았다. 서울대학교 인문학연구원 HK연구교수로 재직 중이다. 지은 책으로 『중세 유럽은 암흑시대였는가?』, 『도시로 보는 유럽통합사』(공저), 『문명 밖으로』(공저), 『제국, 문명의 거울』(공저) 등이 있으며, 옮긴 책으로는 『기적을 행하는 왕』, 『기베르 드 노장의 자서전』, 『기억의 장소』(공역) 등이 있다. 주요 논문으로는 「중세 말 유럽인들의 아시아에 대한 이미지와 그 변화」, 「순례와 여행」, 「자서전과 중세사회의 변화」 등이 있으며, 현재 중세 도시사, 중세의 순례, 중세의 동방과 아시아 인식, 중세 시대 아시아 여행기 등에 대해 연구하고 있다.

❁ 문명총서 발간사

서울대학교 인문학연구원은 2007년 11월 한국연구재단의 인문한국(HK) 사업을 수탁하여 HK문명연구사업단을 출범시켰다. 한국과 아시아, 세계를 향한 문명연구의 허브를 구축하기 위해 '한국 인문학'의 정립을 목표로 인문학 제 분야는 물론 인근 분야의 전공자들까지 한 지붕 아래 모였다.

인문학연구원이 한국 인문학의 도약을 위해 핵심과제로 주목한 것은 문명에 대한 새로운 이해이다. 문명이란 장구한 세월 동안 인류가 일구어낸 정신적·물질적 성과들의 종합이며, 타 문명들과 서로 영향을 주고받으며 진화해 온 복합적 실체이다. 이에 대한 심층적인 이해가 선행되지 않는다면, 현재와 미래에 대한 유효적절한 준비와 대응은 불가능하다.

'문명텍스트총서'는 인문학 안팎의 다양한 전공을 가진 우리 연구원의 연구자들이 자신의 영역에서, 과거와 현재 문명의 정수와 그에 대한 인식을 담은 중요한 텍스트를 선정하여 번역하고 주해한 결과물이다. 이는 긴 시간의 노동을 요하면서도 성취가 단기간에 가시화되지 않는 우직한 작업이지만, 인류의 유산을 한국화하는 이 같은 작업이 주체적으로 세계문명을 사유하고 새로운 문명을 개척하는 데 발판이 되리라고 믿는다. 문명텍스트총서가 현재와 과거를 엮는 씨줄 놓기 작업이라면, 문명공동연구총서는 인간과 세계를 총체적으로 이해하려는 날줄 엮기라고 할 수 있다. 오랫동안 자신의 분야에서 전문화를 추구했기에 공동연구가 쉬운 일은 아니지만, 문명 이해의 융합적 시각뿐만 아니라 한국 인문학의 새로운 전망을 써 내려가는 방법론을 제시할 수 있기를 희망한 결과물이다. 또한 문명지평총서는 연구원 안팎의 연구자들이 참여한 연구서와 교양서를 아우르고 있다.

아무쪼록 문명총서 시리즈가 동서고금의 문명을 더 깊고 더 넓게 이해하는 창발의 효과를 가져오길 기대하며, 국내외의 학자들이 참여하고 교류하는 열린 연구공간이 되길 바란다.

2014년 4월

서울대학교 인문학연구원 원장

STUDIA HUMANITATIS

문명텍스트

문명의 정수를 담은 동서고금 텍스트의 번역과 주해

신민설 양계초 지음, 이혜경 주해

겐지 모노가타리 1 무라사키시키부 지음, 이미숙 주해

문명 속의 불만 지그문트 프로이트 지음, 성해영 옮김

공간, 장소, 젠더 도린 매시 지음, 정현주 옮김

장가르 2 칼미크-오이라드 민중 지음, 니콜라이 체데노비치 비트케예프 외 엮음, 유원수 주해

중세 아랍시로 본 이슬람 진영의 대對십자군 전쟁 김능우 역주

중국 근대 미디어와 소설의 시대 김수연 지음

독일적 특성과 예술에 대하여 헤르더·괴테·프리시·뫼저 지음, 안성찬 주해

크리스티안 볼프: 중국의 실천철학에 대한 강연 안성찬 역주

겐지 모노가타리 2 무라사키시키부 지음, 이미숙 주해

헤겔과 시민사회: 『법철학』「시민사회」장 해설 G.W.F. 헤겔 지음, 박배형 주해

수운 최제우의 종교 체험과 신비주의 성해영 지음

그리스 지도자들에게 고함: 이소크라테스의 아홉 통의 편지 이소크라테스 지음, 김헌 주해

식민지 지식인의 근대 초극론 〈식민지/근대 초극〉 연구회 기획, 홍종욱 엮음

장가르 3 칼미크-오이라드 민중 지음, 니콜라이 체데노비치 비트케예프 외 엮음, 유원수 주해

레온 바티스타 알베르티의 『건축론』(1, 2, 3권) 레온 바티스타 알베르티 지음, 서정일 번역·주해

선사시대 사회들의 과거 인식 리처드 브래들리 지음, 고일홍 옮김

성찰省察의 서書 우사마 이븐 문끼드 지음, 김능우 역주

재현 분열 시대의 건축: 생산의 그늘 아래 창조성의 문제 달리보 베즐리 지음, 서정일 옮김

중국문학 50년(1872-1922) 후스 지음, 김수연 옮김

교황 칼릭스투스의 『산티아고 순례 안내서』 칼릭스투스 2세 지음, 박용진 번역·주해

공손룡자 공손룡 지음, 염정삼 번역·주해

바리공주/바리데기 이경하 주해

'어떤 철학'의 변명: 이소크라테스의 연설문 『교환소송(antidosis)에 관하여』 이소크라테스 지음, 김헌 주해